WATTEAU

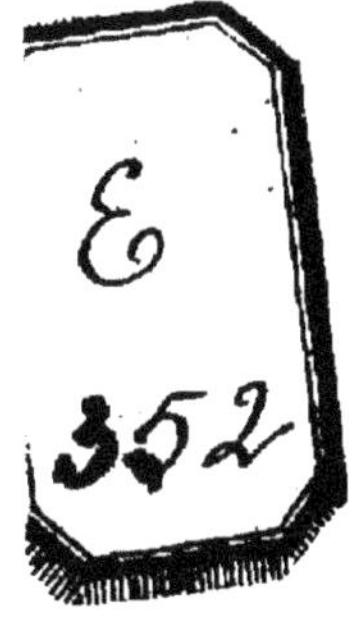

Cet ouvrage a été déposé au ministère de l'intérieur en
1921.

OUVRAGES DU MÊME AUTEUR :

HISTOIRE ET CRITIQUE D'ART

Raphaël. 1 vol. petit in-8º de la collection des *Maîtres de
l'Art*. Plon et Cie, 1907.

Histoire artistique des ordres mendiants. 1 vol. grand
in-8º, orné de 12 phototypies. Henri Laurens, 1912.

La Peinture en Europe, XVIIe et XVIIIe siècles. 1 vol.
in-4º illustré. Henri Laurens, 1913. *(Épuisé.)*

**Catalogue du Musée de Chaalis et Guide du Désert
d'Ermenonville.** 1 vol. in-16 illustré. Louis Bulloz, édit.,
1914.

POUR PARAITRE EN DÉCEMBRE :

Histoire de l'Art français. 1 vol. grand in-4º de la collection de l'*Histoire nationale,* publiée sous la direction de
M. Gabriel HANOTAUX. Dessins de René PIOT.

OUVRAGES SUR LA GUERRE

L'Assaut repoussé. Chroniques du temps de la guerre.
1 vol. in-16. Émile-Paul, édit., 1919.

Louis de Clermont-Tonnerre, commandant de zouaves.
1 vol. in-16. Perrin, édit., 1919.

Les Joyeuses entrées en Belgique. Brochure in-4º avec
des dessins de Constant DRATZ. Van Œst, édit., Bruxelles,
1919.

Marches et chansons des soldats de France. Album
in-4º, dessins de Georges PEULEVEY (en collaboration avec
M. le colonel G. JOUVIN). Plon et Cie, 1920.

La Bataille de Verdun. 1 vol. in-18 avec 11 cartes et
croquis. Van Œst et Cie, Bruxelles et Paris, 1921.

EN PRÉPARATION :

L'Europe au lendemain de la guerre. Études littéraires.
2 vol.

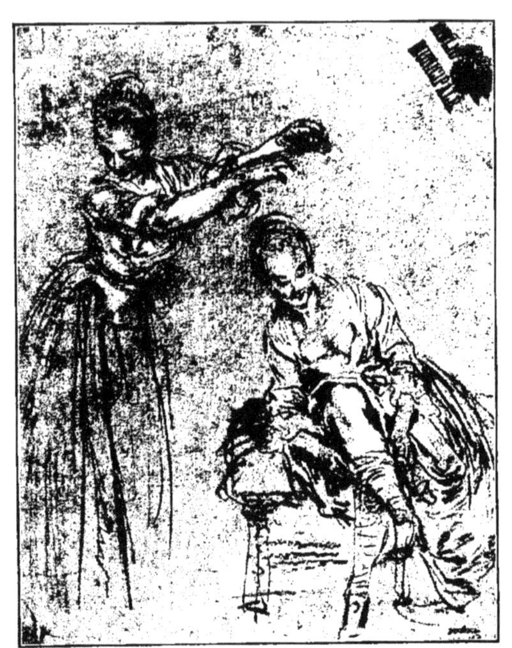

ÉTUDE DE JEUNES FEMMES

Dessin

par Antoine WATTEAU

(Collection Georges Dormeuil)

WATTEAU

PAR

LOUIS GILLET

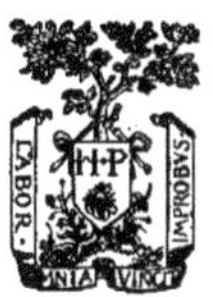

PARIS

LIBRAIRIE PLON

PLON-NOURRIT et Cⁱᵉ, IMPRIMEURS-ÉDITEURS

8, RUE GARANCIÈRE - 6°

Tous droits réservés

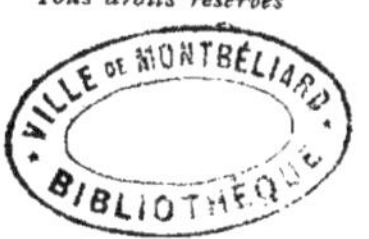

A

ANDRÉ HALLAYS

Hommage d'amitié respectueuse

AVANT-PROPOS

La Société des conférences *m'a fait l'honneur,
l'hiver dernier, de me demander un cours de quatre
leçons sur Watteau, à l'occasion du deuxième cen-
tenaire de la mort de ce grand peintre. Ce sont ces
leçons qu'on va lire, dans un texte un peu remanié
et assez différent de celui qui a paru dans la* Revue
de la Semaine.

*Dans les conditions actuelles de la librairie, il
eût coûté trop cher d'illustrer cet ouvrage. Mon
dessein n'était de faire ni un livre de luxe ni un
manuel scolaire. Un recueil de documents et une
étude littéraire sont deux choses très différentes.
Les* Maîtres d'autrefois *sont un livre sans images.
Les œuvres de Watteau sont assez connues de
tout le monde pour qu'il soit inutile de reproduire
une fois de plus un choix des plus célèbres. Il
m'a paru préférable de m'en tenir à un frontis-
pice. Je remercie M. Georges Dormeuil qui a bien*

voulu, pour orner cet ouvrage, me permettre de
publier un des plus beaux dessins de Watteau.

Ce petit livre n'est pas une étude scientifique.
Je n'avais ni le temps ni les moyens de la faire.
La condition indispensable pour une telle entreprise serait un catalogue de Watteau, et ce catalogue n'existe pas. Il me semble qu'un tel travail
ne serait pas impossible. Il devrait être aisé de
refaire aujourd'hui avec des procédés plus sûrs et
plus rapides ce que M. de Julienne n'a pas hésité
à entreprendre avec les procédés lents et coûteux
de son temps. Ou aurions-nous moins qu'autrefois
le soin de cette gloire dont nos artistes forment
une large part?

En prenant pour base l'œuvre de Julienne, on tra-
cerait sans peine le programme d'un tel ouvrage (1).
Il faudrait rechercher d'abord tout ce qui subsiste
de Watteau, épars dans les galeries d'Europe et
d'Amérique. Un très grand nombre de ces œuvres
se trouve encore en Angleterre. Sait-on qu'à Paris
même il existe, en dehors du Louvre, près de vingt-
cinq tableaux de Watteau? Il faudrait classer ces
peintures, distinguer les répliques des œuvres ori-

(1) J'ai le plaisir d'apprendre que ce catalogue de Julienne,
depuis longtemps introuvable, va être prochainement reproduit par les soins de M. Émile Dacier, dont on connaît
les beaux travaux sur Gabriel de Saint-Aubin, et de M. Albert
Vuaflard, qui a réuni une foule de documents précieux sur
la famille des Glucq et celle de Julienne.

ginales, instituer les linéaments d'une chronologie, toutes choses inexécutables avant que les documents aient été rassemblés. L'ensemble de ces peintures conservées serait à compléter par les gravures des œuvres disparues, en ajoutant d'ailleurs à celles du recueil de Julienne les œuvres qui n'y figurent pas et qu'ont gravées Baron et Philippe Mercier.

La seconde partie du travail aurait pour objet la collection des dessins de Watteau. La première chose à faire serait une édition critique des dessins gravés, ou des Figures de différents caractères. Cette édition comprendrait : 1º la mention de tous ceux de ces dessins qui sont venus jusqu'à nous, avec un mot de leur histoire et les notes de l'exemplaire de l'Arsenal; 2º l'indication des tableaux pour lesquels a servi chacun de ces dessins. Peut-être cette partie du travail serait-elle même la plus utile pour commencer. Enfin, un dernier recueil reproduirait tous les dessins qui nous sont parvenus, avec des notes historiques dont les publications de M. P.-J. Heseltine nous offrent le modèle.

Je ne désespère pas, s'il plaît à Dieu, d'entreprendre un jour cet ouvrage avec l'aide de mon ami M. Paul Alfassa. Rien ne nous manque tant que ce genre d'inventaires et de répertoires. L'histoire de l'art en France demeurera impos-

sible aussi longtemps qu'on n'en aura pas constitué les archives. Il faut commencer par faire le
compte de nos richesses. Ce travail devrait être
fait depuis longtemps pour des maîtres tels que
Poussin, Watteau, Fragonard, Ingres, Prud'hon,
Delacroix, Houdon. Tant qu'il n'existera pas un
Corpus artistique, embrassant la statuaire du
moyen âge et de la Renaissance, les vitraux, les
grandes œuvres de la sculpture et de la peinture
classiques, il sera inutile de parler d'une véritable
histoire. Un siècle d'érudits, en se consacrant à
mettre au jour les monuments de notre passé, a
rendu possible l'école historique du dix-neuvième
siècle. En détruisant ces admirables instruments
de travail, ces laboratoires de la science qu'étaient
les vieilles congrégations, les sociétés modernes
n'ont rien fait pour les remplacer. Nos corps sa-
vants, nos universités et nos académies paraissent
peu propres à ces grandes œuvres impersonnelles,
dont celle des Bollandistes est aujourd'hui le dernier exemple. Est-ce qu'en créant l'outillage qui
semblerait devoir faciliter la tâche, le monde
contemporain n'aurait pas brisé par mégarde les
vertus morales, le désintéressement qui en étaient
la condition? Aurions-nous perdu le dévouement
qui plaçait son honneur dans le travail obscur qui
s'accomplit pour l'avenir, et dont celui qui le fait
ne cueille pas les fruits?

Ces mérites nous seraient pourtant plus que jamais nécessaires. Trop de ruines récentes le prouvent : l'œuvre de la civilisation est fragile. Elle est à la merci de la première bourrasque. Combien de merveilles touchantes, combien d'églises adorables, combien d'harmonieuses demeures d'autrefois, détruites brusquement par la plus brutale des guerres! Veuves de leurs beautés, les vallées de l'Aisne, les plaines lorraines ou champenoises, les collines de la Picardie pleurent des centaines de chefs-d'œuvre, dont elles cherchent en vain la forme dans les décombres. Que deviennent les trésors de notre dix-huitième siècle dont se parait la Russie? Qui oserait garantir que le reste est à l'abri de l'orage? Il est temps d'y songer : c'est un devoir pour nous de veiller sur le capital de noblesse qui nous vient de nos pères et de pourvoir au salut de la beauté menacée.

ANTOINE WATTEAU

CHAPITRE PREMIER

UN PETIT-NEVEU DE RUBENS A PARIS

Tout ce que nous savons de Watteau se réduit à trois ou quatre témoignages contemporains, ou presque, d'amis qui l'ont connu et qui ont écrit quelques années après sa mort. Comme j'aurai souvent à les citer, je crois préférable de les énumérer tout de suite. Ce sont :

1º Quelques lignes de La Roque, le directeur du *Mercure*, dans le numéro d'août 1721 : Watteau était mort le 18 juillet. C'est une nécrologie très courte et déjà erronée.

2º Une notice de Julienne, le meilleur et le plus dévoué des amis de Watteau. C'est ce Julienne, propriétaire de la teinturerie des Gobelins, qui avait réuni plus de trente Watteau, la plus belle collection connue, — celui auprès duquel le peintre se représenta un jour dans le tableau qu'aimait Michelet, le touchant portrait de l'amitié : debout, les pinceaux à la main, au milieu d'un bosquet, tandis qu'à son côté l'ami, pour aider l'inspiration, dans le silence des ombrages, lui joue du violoncelle. Ce même Julienne dépensa 400 000 livres — un million d'avant-guerre — pour faire graver Watteau et pour exécuter ces quatre magnifiques volumes de l' « Œuvre », le plus beau monument élevé à la gloire d'un peintre. C'est en tête du premier volume, paru en 1733, douze ans après la mort de Watteau, que Julienne a placé sa précieuse notice.

3° Une biographie de Gersaint, en 1744, dans le catalogue de la vente Quentin de Lorangère. Gersaint est ce marchand de tableaux, cet ami zélé et parfait, pour qui Watteau peignit son chef-d'œuvre, l'*Enseigne* gravée par Aveline.

4° L'éloge de Watteau par Caylus, lu à l'Académie le 3 février 1748. Caylus est cet original, auteur de petits contes poissards, et qui mit à la mode, au temps de la Pompadour, les fouilles d'Herculanum et les antiquités étrusques. Il eut un rôle dans le changement de goût qui conduit à Winckelmann et à David. L'ancien mousquetaire gris n'a guère fréquenté Watteau, d'une manière intermittente, qu'après sa retraite, à la fin de 1715 ; et leur liaison fut entrecoupée par le voyage de Caylus en Grèce et en Troade et

par celui de Watteau lui-même en Angleterre.
Il y a dans son discours, avec un certain nombre
d'anecdotes précieuses, les deux lignes les plus
touchantes qu'on ait écrites sur Watteau.

5° Les notes de Mariette, le prince des connaisseurs, dans son *Abecedario* ou dictionnaire
des peintres. Mariette n'avait fait qu'entrevoir
Watteau chez Crozat, tout à la fin de la vie de
l'artiste, mais il demeura lié avec tous ses amis ;
il posséda la fleur des dessins de Watteau et les
annotations qu'il y a mises, celles dont il a couvert le fameux exemplaire de Watteau qu'on
appelle l'exemplaire de l'Arsenal, sont une des
sources d'informations les plus utiles qui nous
restent sur le peintre.

6° Deux pages de Walpole dans ses *Anecdotes on painting* (1761). On y trouve quelques
renseignements — douteux — sur le séjour de
Watteau en Angleterre.

Telles sont les sources principales de la vie de
Watteau. Ajoutez-y quelques courts billets auto-
graphes, un ou deux reçus, quelques articles des
registres de l'Académie de peinture (de 1709
à 1721), les listes de l'Almanach royal (de 1718
à 1721), deux lignes du journal de la Rosalba,
qui était à Paris d'avril 1720 au mois de mars
de l'année suivante, deux ou trois lettres contemporaines ; enfin les registres de la paroisse

où Watteau est né (celle où il est mort n'a plus les siens), voilà toute la somme de documents originaux dont nous disposons, en dehors des œuvres elles-mêmes, pour écrire la vie de ce grand artiste. Le tout, imprimé bout à bout, ne formerait pas cinquante pages.

Les travaux de la critique moderne, depuis soixante ou quatre-vingts ans, sont loin d'être arrivés à un résultat décisif. Notre école française, par une négligence étrange, est moins connue que celles de la Grèce et de l'Italie. Il n'existe pas de catalogue de l'œuvre de Watteau. Celui d'Edmond de Goncourt date de quarante-cinq ans. Il est incomplet, incommode et d'ailleurs épuisé. On rougit de voir un auteur écrire de confiance en 1921, comme si les choses n'avaient pas changé depuis Goncourt, qu'il y a *dix-huit* dessins de Watteau au British Museum, qui en possède près de quatre-vingts. Les Allemands se flattaient de travailler mieux que nous. Un docteur Zimmermann a publié en 1912 un *Watteau* dans la collection des *Klassiker der Kunst*. Ce savant reproduit un pastel de la collection Groult, attribué à Vien, comme un tableau à l'huile de la main de Watteau, tandis que la *Diane au bain*, le plus beau nu de Watteau, et la merveille de cette collection, est reléguée au rang de copie ; le ravissant panneau

de Mme la princesse de Poix est indiqué comme
une toile. De magnifiques tableaux comme celui
d'Angers sont rejetés sans autre forme de procès.

On voit quelles sont les difficultés d'une étude
sur Watteau. Je ne me flatte pas de les avoir
toutes éclaircies. Le regretté Louis de Fourcaud
y a consacré trente ans de sa vie et il est mort
avant d'avoir achevé son ouvrage (1). Je n'ai pas
la prétention de faire mieux que lui. J'ai vu
depuis vingt-cinq ans à peu près tout ce qui
existe de Watteau dans les musées d'Europe,
à l'exception de Pétersbourg. J'ai lu ou relu
avant d'écrire tout ce qui s'est publié en français, en anglais ou en allemand sur Watteau ;
surtout je me suis mis à feuilleter son œuvre
gravée, et j'ai entrepris de revoir tout ce qui
m'était accessible dans les collections publiques
et privées de France et d'Angleterre. J'avais
fait le projet de retourner à Dresde et à Berlin.
J'écrivis à ce sujet à S. E. le docteur Bode et à
M. Otto von Falke, qui me répondirent avec
beaucoup de courtoisie. L'ambassade d'Alle-
magne m'a refusé un passeport.

Mais assez de choses arides. Avec Julienne,
Gersaint, Caylus, La Roque, Mariette, nous
avons une première idée de la société de Wat-

(1) Voir les notes à la fin du volume.

teau, du cercle où s'est passée la plus grande
partie de sa courte existence, pendant la douzaine
d'années où il a exhalé son œuvre incomparable.
J'ai tenu à préciser d'abord des dates et des
faits ; j'ai préféré pécher par sécheresse que par
rhétorique. Watteau n'est déjà que trop la vic-
time des phrases. Il semble que l'historien et le
commentateur, pour peu qu'ils fussent sensibles
à la magie de l'art, devraient s'effacer, faire
silence, et, comme l'ami de Watteau dans la
divine estampe, près du maigre et souffrant
jeune homme, du délicieux génie qui nous donne
son cœur, l'écouter, le laisser parler tout seul,
rêver haut, et se borner doucement à l'accompa-
gner en musique.

*_**

C'est en 1712 que Watteau sort de l'ombre.
Le 30 juillet de cette année-là, un jeune peintre,
qui souhaitait d'aller à Rome « pour y étudier
d'après les maîtres », mais qui n'était pas en
état de faire les frais du voyage, se présentait
à l'Académie d'un air gauche et embarrassé,
avec deux petits tableaux sous le bras, dans
l'espoir d'obtenir la pension du Roi. La scène,
telle que la rapporte Gersaint, est charmante.

« Il part, sans autres amis ni protection que
ses ouvrages, et les fait exposer dans la salle par

où passent ordinairement Messieurs de l'Académie de peinture et de sculpture », qui tous jettent un coup d'œil en passant, et admirent. La Fosse, un peintre célèbre de ce temps-là, tombe en arrêt, s'étonne et entre dans la salle en demandant : « De qui est ça? » On lui répond que c'est l'ouvrage d'un jeune homme qui vient supplier ces Messieurs de vouloir bien intercéder pour lui faire obtenir la bourse d'études en Italie.

La Fosse donne l'ordre d'introduire l'inconnu. « Il entre. Sa figure n'était pas imposante. Il expose modestement le sujet de sa démarche, et prie avec instance qu'on veuille bien lui accorder la grâce qu'il demande, s'il a assez de bonheur pour en être cru digne. — « Mon ami, « lui répondit avec douceur M. de La Fosse, « vous ignorez vos talents et vous vous méfiez « de vos forces ; croyez-moi, vous en savez plus « que nous ; nous vous trouvons capable d'hono- « rer notre Académie ; faites les démarches né- « cessaires ; nous vous regardons comme un des « nôtres. » Il se retira, fit ses visites, et fut agréé aussitôt. »

Ce récit de Gersaint contient plus d'une invraisemblance. On ne voit pas un maître « arrivé » comme La Fosse dire d'abord à un blanc-bec qu'il en sait plus long que lui. Cela se passe ainsi dans les contes de fées. D'ailleurs, Gersaint se trompe : il croit que Watteau s'est présenté avec scènes militaires, et Mariette dit expressément qu'il fut agréé sur le tableau des *Jaloux* (1). De plus, preuve certaine de la légende, l'anecdote se trouve répétée dans la vie de Chardin ; seulement, c'est Largillière qui joue cette fois le rôle de La Fosse. Enfin, ce qui dispense de meilleure raison, c'est que La Fosse, ce jour-là, n'était pas à l'Académie. Sa signature manque sur le procès-verbal.

Du reste, Watteau n'était pas un inconnu pour ces Messieurs ; il avait concouru trois ans plus tôt pour le prix de Rome. Peut-être en 1712 connaissait-il déjà La Fosse, puisque cette année-là il peignait chez Crozat, où vivait le vieux peintre ; en tout cas, il connaissait Gillot, qui avait été agréé deux ans auparavant. Ce qui est hors de doute, c'est qu'il fut accueilli sans l'ombre d'une difficulté, et même d'une manière particulièrement flatteuse et obligeante : tous les contemporains sont d'accord là-dessus.

A cette date de 1712, nous sommes au moment central de la vie de Watteau. Il a vingt-huit ans, il y en a dix qu'il est arrivé à Paris, tout seul, rapin timide, ignorant, ignoré ; et dans moins de dix autres années, dans neuf ans, presque jour pour jour, le pauvre Watteau ne sera plus.

A cette heure où le voilà si gentiment reçu par
ses confrères, il fait encore de petits tableaux
d'une audace appliquée. Il ne se pressera pas de
se conformer au règlement et de produire son
« chef-d'œuvre ». Il musera, vaguera cinq ans,
comme s'il avait l'éternité devant lui. On ne sait
ce qu'il fait, où il se cache ; et soudain c'est
le jaillissement du poème immortel, une fièvre
de beauté, de génie et d'amour, une hâte, une
angoisse, une impatience et une ivresse, et
puis brusquement tout s'éteint et la flamme
retombe. Il meurt. Il n'a pas trente-sept ans.

* *
*

Il était né à Valenciennes le 10 octobre 1684,
juste à temps pour être Français : il y avait six
ans que la paix de Nimègue cédait à la Couronne
cette partie du Hainaut et des Pays-Bas espa-
gnols. Watteau est un cadeau de Louis XIV à
la France. Son père était maître-couvreur. Il
avait l'entreprise des travaux de la ville ; la
famille était donc à l'aise. Jean-Antoine était
le second de quatre fils ; mais il vaut mieux
avouer que nous ne savons rien de la jeunesse
de Watteau.

Gersaint dit qu'il aimait la lecture et que
« quoique sans lettres, il décidait assez saine-

ment d'un ouvrage de l'esprit ». Les rares billets
qu'on a de sa main sont en effet très bien tournés.
Mais rien ne prouve que c'est sur les bancs qu'il
s'est formé le goût. On ne sait pas mieux l'histoire de sa vocation. Rien n'est plus vain que de
perdre son temps à rechercher le secret des
enfances des grands hommes. Valenciennes est
la ville de France qui, au siècle dernier, en a
produit le plus grand nombre, la ville des prix
de Rome : Lemaire, Crauk, Harpignies, Carpeaux, mais avant Watteau (sauf pour un nom
du moyen âge), ce phénomène singulier n'est
pas encore sensible.

Le musée de la ville est un de nos meilleurs
musées de province, constitué comme tous ses
pareils avec la dépouille des abbayes et des couvents fermés par la Révolution. On y voit un
Rubens illustre et les meilleurs Crayer. Et il y a
toujours eu, dans cette ville aristocratique, un
certain luxe de collections, des trésors de Téniers, d'Ostade et de Netscher, comme dans
cette galerie de la maison Claës, décrite par
Balzac dans la *Recherche de l'Absolu*. Mais il
n'est pas du tout certain que Watteau enfant
ait beaucoup regardé tout cela, et qu'il doive
rien à ce qu'on suppose qu'il a pu voir à Valenciennes. J'en dirai autant des souvenirs de la
campagne flamande ; la plupart lui sont venus

plus tard, à travers des peintures. Il y a un dessin célèbre, gravé dans le recueil de Julienne,
qui représente un paysage sordide et décrépit,
un bout de ruisseau infect entre des tanneries
et des moulins ; Foucart y reconnaît une vue
de l'Escaut à Valenciennes ; il est plus probable
qu'il s'agit, comme le croit Goncourt, d'un coin
de la Bièvre, du côté de la rue Mouffetard.

Au reste, à cette date, la grande école d'Anvers
est morte. Rubens, van Dyck ont disparu depuis
plus de quarante ans ; le vieux Jordaëns et le
vieux Crayer viennent de s'éteindre octogé-
naires ; Téniers meurt au même âge en 1690.
De cette école si brillante il ne reste plus de sur-
vivant qu'un Jacques van Oost à Bruges et,
dans les centres secondaires, des artistes locaux
comme cet Arnoul de Vuez, alors très occupé à
Lille et à Cambrai. Ce grand homme de province,
qui n'est d'ailleurs nullement un peintre à dé-
daigner, avait à Valenciennes une doublure,
Jacques Gérin, et on a quelque raison de croire
que c'est chez ce Gérin que Watteau fut placé
comme élève. Il faisait de la peinture religieuse d'une couleur sale et enfumée. Cet hon-
nête praticien enseigna à Watteau les éléments
de son art. Il n'y a d'ailleurs aucune raison de
supposer que le génie de l'enfant fût contrarié
par sa famille. L'idée de l'artiste bohème et mau-

dit du bourgeois était une idée inconnue en 1680. Les peintres dans cette société fortement organisée formaient une corporation régulière, ayant comme les autres ses statuts et ses privilèges et marchant à son rang derrière sa bannière aux processions de la cité. Pas même d'aventure à craindre : on était toujours sûr de son pain en travaillant pour les couvents et l'article de piété. On faisait son salut dans ce monde et dans l'autre. Et le maître-couvreur n'eût rien trouvé à dire au choix de son garçon, s'il n'avait fallu dans ce métier payer tant d'années d'apprentissage et qu'un fils coûtât si longtemps avant de rapporter.

Tout cela n'annonçait qu'une routine médiocre, une vie en grisaille dans un coin de province. Mais il y avait dans le jeune homme un inquiet démon qui déjà l'appelait ailleurs. Peut-être les querelles paternelles, les reproches d'argent, les mesquineries de la famille lui rendaient la maison natale insupportable. En 1702, Gérin mourut. Cela décida Watteau. Tout seul, de son pied léger, plus léger de soucis, sans le sou et sans hardes, cheminant par petites étapes, — par Douai, par Cambrai, par Péronne et Amiens, — voilà notre compagnon sur la route de Paris. Il avait toute la vie devant lui, toute la jeunesse, tout l'avenir — si peu de jours, hélas !

*
* *

Il n'était pas le premier qui s'en venait des
mêmes cantons vers ce pays de Cocagne des
peintres et des artistes qu'était le Paris de
Louis XIV. Pendant tout le dix-septième siècle,
pour ne pas remonter plus haut, il y avait eu
un exode, un glissement ininterrompu des gens
et des talents de la Flandre vers Paris. Paris,
depuis Henri IV et Richelieu, prend déjà sa
figure moderne de capitale de l'Europe. Sans
parler de Rubens, de Pourbus, de Champagne,
on ne finirait pas d'énumérer les peintres qui,
depuis la régence de Marie de Médicis, sont venus
s'y exercer ou y chercher fortune. De 1648 à
1690, on n'en compte pas moins d'une trentaine à l'Académie. Ils ne sont pas moins nombreux aux Gobelins et à Versailles : des peintres
comme Genoels et Adam van der Meulen, des
sculpteurs comme les Marsy, Buyster, van Obs-
tal, van Clève, et ce puissant Desjardins (de
son vrai nom van den Bogaert), et enfin le
vieux Slodtz, l'ancêtre de la dynastie d'où
sortiront les précurseurs des Adam et des
Clodion. Ainsi dans tous les genres, sous la
dictature de Le Brun, dans toute la production
de la France classique, courent à fleur de

peau les muscles, le sang gras de la Flandre.

Une anecdote souvent citée montre ce qu'était sous Louis XIV cette Flandre de Paris : c'est l'histoire de Philippe Wleughels, père de Nicolas, l'ami de Watteau, débarquant un beau soir sur la place Dauphine, abordant un passant et lui baragouinant le nom d'un compatriote : « M. van Mol, peintre du Roi. » Ces mots étaient tout son français. Mais la Providence le servait. En cinq minutes, notre homme, instruit par ce van Mol, s'assoit au cabaret de la Chasse, qui faisait l'angle de la rue du Four. Ce cabaret était une colonie flamande. Il y avait là Fouquières, van Boucle, Calf, Nicasius, un élève de Snyders, bon vivant et un peu ivrogne. La compagnie était à table : et voilà le pèlerin, arrivé depuis une heure sans connaître âme qui vive, et trouvant des amis, bon couvert et bonne chère. Il n'y a que Paris pour ces surprises.

Il n'allait pas tarder à se procurer le reste. Au bout de quelque temps notre peintre se débrouille, les commandes arrivent. Il songe au mariage. Il y avait alors rue du Vieux-Colombier un peintre de marines appelé van Plattenberg. Ce Plattenberg, ou plutôt M. de Platte-Montagne, comme il avait traduit son nom, avait deux filles. Wleughels demanda la main d'une des sœurs. Et c'est ainsi qu'un étranger

arrivant à Paris, y trouvait de quoi vivre, souper
et se marier — en Flandre. Il pouvait même
s'épargner la peine d'apprendre la langue des
indigènes ; au bout de trente ans de Paris,
Wleughels ne savait pas le français ; en revanche,
il se piquait d'élégance en flamand. Cela ne nuit
pas à sa carrière ; les meilleures compagnies
s'amusaient de son jargon et, comme il avait
de l'esprit, il faisait en son patois de petits
contes fort joliment.

Cet exemple nous permet d'imaginer les débuts de Watteau et ses premiers pas dans Paris.
Ses copains de la première heure, un Spoëde
ou un Wleughels (le fils de ce Philippe dont je
viens de conter l'histoire) sont des relations
flamandes. C'est Spoëde qui conduisit son ami
chez Sirois (le grand marchand de tableaux,
beau-père de Gersaint) ; c'est peut-être lui —
ou le hasard — qui l'avait mené pour commencer
dans la boutique d'un certain Métayer, artiste
par ailleurs tout à fait inconnu.

Au reste, ces dix premières années de Paris,
de 1702 à 1712, sont la période obscure de la vie
de Watteau. Comme plus d'un camarade,
comme Oudry, par exemple, il est obligé de travailler d'abord pour les marchands (ce Métayer
n'est pas autre chose, non plus qu'un second
patron chez qui Watteau vécut, et dont on ne

sait même plus le nom) : cela s'appelait travailler pour le pont Notre-Dame. Ce pont joue
un grand rôle dans la vie de Watteau.

C'était le fameux pont de frère Jean Joconde,
le plus beau du royaume, mais un pont comme
presque tous ceux de Paris à cette époque, et
comme sont encore le Rialto à Venise ou le Vieux-
Pont de Florence, c'est-à-dire une rue qui enjam-
bait la rivière, et cette rue, avec ses façades
uniformes, la suite de ses pignons réguliers sur-
montés d'un épi, la gaîté de ses briques à chaî-
nages de pierre, était la plus magnifique avenue
de la ville, la grande voie des cortèges et des
entrées des rois : tout le commerce de luxe,
lingères, joailliers, changeurs, marchands de
tableaux, se disputaient les étalages de ses
soixante-huit boutiques ; c'était, en travers de
la Seine, quelque chose comme la rue de la Paix
ou comme la rue Royale. A la fin du dix-huitième siècle, tout ce décor disparut. Mais longtemps survécut, amarré en aval, l'étrange château d'eau de la Pompe Notre-Dame, flottant
échafaudage de pylônes nageant sur un double
radeau et supportant une tour de bois à six
étages : bizarre machine qui subsista jusqu'au
second Empire, et vit pour nous par le génial
burin de Méryon.

Telle est la scène des débuts de Watteau, et

celle de ses avant-derniers moments. C'est là qu'il commença, misérable copiste, et c'est là qu'il revint pour faire son chef-d'œuvre. De la maison de son premier patron à celle de Gersaint, sur le pont Notre-Dame, il n'y a que l'espace de quelques pas. Dans ces quelques pas s'inscrit tout le rêve d'une vie.

*
* *

Que faisait-on chez ce patron entre les griffes duquel était tombé Watteau? C'était une espèce de négrier qui faisait fabriquer des tableaux en série : cet industriel avisé avait inventé le système de la division du travail. Il partageait la besogne entre une douzaine de pensionnaires : l'un préparait les fonds, un second peignait les ciels, un troisième les étoffes, un autre les visages, un cinquième posait les blancs, et le tableau se trouvait fini en sortant des mains du dernier. On gagnait à ce métier trois livres par semaine et la soupe tous les jours. Watteau, comme plus habile et plus expéditif, avait l'honneur de faire sa figure tout entière. C'était souvent saint Nicolas, qui était un saint très demandé. « Je savais, disait-il plus tard, mon saint Nicolas par cœur. »

Watteau a donc mangé de la vache enragée :

cela est arrivé à beaucoup d'autres. Mais Caylus
nous apprend quelque chose de plus intéressant :
c'est une histoire de vieille à besicles, sans doute
quelque *Liseuse* ou quelque *Tricoteuse*, que le
jeune homme devait copier d'après un modèle
hollandais, et qu'il s'amusât à reproduire en se
passant de l'original. Ce qui veut dire que Watteau, dans son grenier, avait pour métier de
faire des faux, et nommément de faux Gérard
Dou.

On se figure, en effet, qu'on a tout dit sur le
goût du dix-septième siècle, quand on a rappelé
le mot de Louis XIV : « Qu'on ôte de ma vue ces
magots ! » La vérité est qu'il s'opérait, depuis
une trentaine d'années, un mouvement des
esprits qui allait aboutir, aux environs de 1700,
à une véritable révolution. Il est inutile de résumer le beau livre de M. Pierre Marcel sur cette
curieuse époque de notre histoire artistique (1).
Ce qui se passe en littérature avec la fameuse
querelle des Anciens et des Modernes, a eu son
pendant pittoresque dans celle des Rubénistes
contre les Poussinistes. Poussin et Le Brun
avaient tenté de construire sur l'antique et sur
Raphaël une idée rationnelle et absolue de la
beauté ; ils avaient essayé de donner à cette
notion le caractère et la valeur d'une vérité
positive. Et voilà que l'on découvrait que le

beau ne tient pas dans une formule unique et ne se laisse pas enfermer dans le salon du Belvédère ou dans la Chambre de la Signature. Enfin, après Versailles et la colonnade du Louvre, après le grand Trianon et le dôme des Invalides, la France pouvait se dire qu'elle avait fait ses classes ; elle ne se sentait plus d'humeur à se remettre à l'école.

La politique s'en mêlait. Nous venions de nous battre dix ans contre la Hollande, et nous étions vivement préoccupés de ce pays. On reproche à la guerre de séparer les hommes ; en réalité, elle leur permet de se connaître. Rien ne vaut une bonne guerre comme leçon de géographie. A la paix de Nimègue, alors que la République vaincue accepte, comme il arrive, nos goûts et nos idées, nous lui empruntons nous-mêmes une partie des siens et nous mettons à l'observer avec une grande curiosité. Pour le dix-septième siècle, c'est sous la forme hollandaise que se pose la question des arts et du génie du Nord. Dès 1670, un an après la mort de Rembrandt, il y avait déjà des Rembrandt à Paris. De Piles y rapportait l'*Hendrickje Stoffels* du Louvre, et le *Portrait à la serviette* faisait partie un peu plus tard des collections de Louis XIV. Et de tous côtés naissait une espèce nouvelle et se formaient (voir La Bruyère) ce qu'on appe-

lait alors des cabinets de curieux : le curieux
est un type de la fin du dix-septième siècle, tout
à fait différent de l'humaniste à la Peiresc. C'est
le charmant bonhomme Marolles, c'est Gai-
gnières, c'est Brienne, qui nous décrit en joli
latin ses van Dyck et ses Brouwer, et cette
comtesse de Verrue, longtemps reine en Savoie,
et qui maintenant, retirée dans son hôtel de Vaugirard, jouit voluptueusement de ses meubles,
de ses reliures et de ses magnifiques tableaux,
— de ses Rubens, de ses « Ténières », de ses
Wouwerman et de ses van Dyck (c'est elle qui
possédait le *Charles I*er du Louvre). Elle sera une
des premières collectionneuses de Watteau.

En effet, dans cette fin de siècle, pour toutes
sortes de raisons trop longues à déduire, Paris,
longtemps brimé par Versailles, commence à
prendre sa revanche. La « Cour » cesse d'éclipser
ou d'absorber la « Ville ». A mesure que celle-là
se fait plus morose et plus austère, la seconde
s'enrichit des déserteurs de la première. Les
princes donnent l'exemple : on ne paraît plus
à Versailles que pour les grandes cérémonies,
et le reste du temps on vient se distraire en ville.
Autour de la place des Victoires, de la place
des Conquêtes (aujourd'hui place Vendôme),
plus loin encore avec d'Antin, se construit un
Paris neuf, le faubourg Saint-Honoré, le fau-

bourg Saint-Germain, ce Paris de Hardouin Mansart et de Robert de Cotte qui prélude à celui des Gabriel, des Lassurance, des Oppenord et des Boffrand : toute une architecture nou velle, une génération d'hôtels, rue de Varenne ou rue du Bac, rue de Richelieu ou rue Sainte-Anne, rue du Temple chez les Rohan, rue de Rambuteau chez les Soubise, la fleur la plus exquise des créations françaises, donnant à Paris sa physionomie moderne et avenante, son urbanité, son sourire.

Disons d'ailleurs, pour être exact, que cet art parisien était né à Versailles. Il a été créé par Mansart et de Cotte pour la duchesse de Bourgogne, cette créature de délices, la dernière grâce qui eut le pouvoir de dérider le Roi. Le projet de décor pour son château de la Ménagerie se voit encore à Versailles. En marge, le grand vieillard, de sa haute écriture, écrit : « Tout cela est trop sérieux. Il faut de la jeunesse dans tout ce qu'on fera. » Et lui aussi, il abdiquait !

Mais le fait est qu'à la fin du siècle, les artistes ne travaillent plus guère pour Louis XIV. Les temps sont difficiles et on approche des mauvais jours. Le trésor est à sec, Versailles chôme, l'École de Rome crie misère, et bientôt le vieux Roi battra monnaie de sa vaisselle pour habiller ses troupes. Mais les malheurs de l'État font le luxe des particuliers. Toute une classe d'hommes d'affaires, de traitants, de munitionnaires, de parvenus, apparaît : *Turcaret* est de 1709. Une foule de choses qu'on date de la Régence sont en réalité de quinze ou vingt ans plus tôt. Ce renouvellement de la société est la suite de toutes les guerres. Saint-Simon s'en indigne, crie à la fin du monde : nous avons sous les yeux la même comédie, et nous pouvons sourire des colères de ce fossile.

Il résulte de là que l'art, faute de commandes officielles, se met au service des particuliers. Il y perd, dit-on, en noblesse, en grandeur ; il y gagne d'autre part en souplesse et en liberté. Il est clair que la pompe, le grand style oratoire, le souffle et le geste qu'il faut pour remplir la Galerie des Glaces ne sont plus de mise sur les trumeaux d'un cabinet ou d'un boudoir. Le vocabulaire héroïque détonne dans un salon. Évidemment l'art en pâtit sons le rapport des idées ; il se rattrape sur l'exécution et le charme extérieur. L'art dont il s'agit sera beaucoup un art fait pour les femmes ; les ambitions, les formats se réduisent ; tout va tendre à l'intimité. C'en est fait pour longtemps des formes monumentales, des allégories plafonnantes, des grandes attitudes, du repos spacieux de la fresque ou du

bas-relief. Il s'en faut que ce soit nécessairement
une décadence. Ne chevauche pas qui veut la
chimère et la Fable. On se lasse parfois, comme
dit Sainte-Beuve, de la cavalerie lourde des Pé-
gases. C'est justement ce qui arrive aux environs de 1700. Le Brun et Mignard morts, on est
tout surpris de voir que le premier rôle en peinture appartient à deux portraitistes. Fait significatif : au Salon de 1699, on ne compte qu'une
cinquantaine de portraits contre cent cinquante
tableaux d' « histoire » ; au Salon de 1704, le dernier du règne, il y en a plus de deux cents. Le
premier soin de M. Jourdain, après fortune faite,
est de faire peindre son portrait. Et pour le
servir à son goût, il trouve à point nommé
Largillière et Rigaud.

Au moment où nous sommes, la transformation est accomplie. Fatigue de la discipline,
émancipation de l'antique, ennui de l'autorité ;
apparition d'une classe et d'une architecture
nouvelles ; plus de luxe et moins de contrainte,
aurore du règne des femmes, dédain croissant
pour les idées, goût inverse de ce qui touche
les sens, c'est une espèce de dégel, ce sont les
signes et les tiédeurs, le trouble et l'inquiétude
qui annoncent un printemps. C'est à cette société libérée des idées, éprise du charme de sentir, à ces curieux de sensations neuves que les

nouveaux riches du temps, les Crozat, les Jabach, disputent les petits-maîtres de là-bas, ces Flamands et ces Hollandais si piquants et si amusants ; c'est pour eux que les marchands du pont Notre-Dame, les Sirois, les Gersaint, raflent les cabinets d'Amsterdam et de la Haye ; et comme ils n'y suffisent pas encore, c'est pour eux que le jeune Watteau, dans sa mansarde du même pont, gagne sa vie à peindre de faux Téniers et de faux Gérard Dou.

Et il était lui-même un Flamand, je le dis sans aucune intention agressive et en sachant fort bien que Valenciennes est une ville wallonne. Mais Julienne écrit en tête de son recueil : « Watteau, *peintre flamand* de l'Académie royale » ; Voltaire, dans son *Siècle*, répète cette épithète et Frédéric, qui raffolait de Watteau et de Lancret (lequel était Parisien), les appelle « des Flamands de l'école du Brabant ». Aucun d'eux n'attachait à ce nom de signification politique ; ils se bornent à signaler une filiation pittoresque. C'est là un nom d'école consacré par l'usage et que nous ne sommes plus les maîtres de changer. J'irai plus loin. Flamand, je ne sais si Watteau l'était à Valenciennes ou le serait devenu s'il y fût demeuré ; et je crois que c'est à Paris, à cause de la mode flamande, qu'il s'est révélé à lui-même sa nature de Flamand.

Cela paraît surprenant, parce que Watteau
est pour nous synonyme d'élégance et qu'on
oublie ce qu'il y a d'aristocratie chez Rubens
et van Dyck. Mais Watteau ne fut pas d'emblée
le poète des fêtes galantes. Il mit plus de temps
qu'on ne pense à se décrasser de sa roture. Sans
le dessin et sans l'estampe qui nous y obligent,
qui reconnaîtrait Watteau dans le petit *Savoyard*
du musée de l'Ermitage ou dans l'*Écureuse de
vaisselle* du musée de Strasbourg? Oserait-on,
n'était la gravure, mettre son nom sous cette
bambochade, la *Vraie Gaieté* de la Tennant
Gallery? Il est vrai que nous ne savons pas dans
quelle mesure ce ne sont pas là de véritables
faux, faits exprès pour tromper le public et se
faire acheter pour des Téniers ou des Ostade.
Mais bien plus tard encore, ne trouve-t-on pas,
dans le petit tableau de sir Frederic Cook, l'effet
de chandelle caractéristique de Gérard Dou et
de Schalken? On connaît le dessin du Louvre
qui a servi d'étude pour un tableau perdu, intitulé le *Chartreux*. Un dessin plus ancien appartenant à M. Léon Michel-Lévy montre qu'en
réalité ce personnage est saint Antoine, car il
y est désigné par la présence de son cochon.
Dans l'*Escorte d'équipages*, — un joyau découvert par Eugène Carrière dans une boutique
de brocanteur, — il y avait une figure que nous

ne connaissons plus que par la gravure de Laurent Cars, un petit bonhomme occupé de la moins distinguée des fonctions de la nature : celui que les Flamands ne manquent jamais d'introduire dans un coin de leurs beuveries et que l'on voit dans l'ombre, à gauche, au premier plan de la *Kermesse* de Rubens. Je dis qu'il y était, car il a disparu du tableau de Watteau ; la peinture est reculottée : une main pudique à cet endroit a brossé un buisson. On voit que Watteau ne craint pas toujours le détail trivial. Il ne laisse pas d'avoir parfois le trait grivois, par exemple dans l'*Indiscret* ou dans l'*Escarpolette* (à M. le vicomte Cornudet). J'aurai l'occasion de revenir sur cet article.

Voilà le point de départ de Watteau. C'est de ce terre à terre, c'est de cette prose un peu vulgaire qu'il devait s'élever aux créations les plus exquises de l'amoureux lyrisme. On verra du reste que jamais, fût-ce dans ses œuvres les plus rêvées et les plus chimériques, il ne cesse de tenir à la nature et à la vie. Par quel sortilège il arrive à transposer les faits, à leur prêter une apparence de caprice et de songe, je tâcherai de l'expliquer plus tard, autant qu'on le peut. Watteau sait-il lui-même ce qu'il apporte d'inouï ? Très vite cependant, il se parisianise ; son œuvre, ce sera la réalité raffinée, une observation choisie

et suraiguë, transformée au contact et au goût
de Paris, et surtout par la grâce d'une inimitable
poésie.

* * *

Combien de temps Watteau passa-t-il chez
le patron du pont Notre-Dame? On ne saurait
le dire, mais tout incline à croire qu'il n'y a pas
moisi. Tout ce qu'on sait de son humeur indépendante et vagabonde, de cette instabilité qui
fit le désespoir de ses amis, rend tout à fait
invraisemblable un séjour prolongé chez le marchand de soupe. Julienne dit que Watteau
connut Gillot, « peintre nouvellement agréé de
l'Académie ». L' « agrément » de Gillot est de
1710. Watteau serait resté huit ans à l'état de
manœuvre. C'est impossible.

Il est probable que c'est cinq ou six ans plus
tôt, en 1704 ou 1705, que Watteau (on ignore
comment et dans quelles circonstances) a ren-
contré Gillot.

Cette rencontre fut décisive. Gillot est le
vrai maître de Watteau. Il avait onze ans de
plus que lui. Ce Langrois osseux, goguenard,
paraît avoir été, comme son « pays » Diderot,
une tête à l'évent, un homme de verve et d'idées,
une nature incrédule et irrévérencieuse. Son
œuvre nous est très mal connue. Valabrègue (1)

ne signale qu'un seul tableau signé, au château de Mouchin, près de Lille : il représente une *Baraque de charlatan*. On voit de lui, au musée de Langres, une petite peinture du *Cheval de Troie;* on distingue sur les remparts Priam, Hélène et Andromaque et, entre les pattes du cheval, deux personnages burlesques, Arlequin et Scapin, portant qui une seringue et qui un pot de chambre, comme s'ils voulaient aider à l'accouchement du monstre. C'est du persiflage peint, une scène de la *Belle Hélène.* Inutile de dire si Gillot était un « moderne ».

On ne sait pas le nom de son maître. En réalité ce libertin, ce frondeur attardé continuait en franc-tireur la vieille tradition d'Abraham Bosse et de Callot. Il n'était pas le seul : on aurait des surprises si l'on connaissait mieux les œuvres d'un Pierre d'Hulin, le maître de Lancret, ou certains recueils de figures de Sébastien Le Clerc; certaines sont déjà des figures de Watteau (1). Comme tous ces gens-là, par une loi française qui rejette le « genre » dans la vignette et dans l'estampe, Gillot est avant tout buriniste et dessinateur, bien qu'en toute chose fort au-dessous de Bosse et de Callot. Il a de commun avec celui-ci la passion des planches, surtout des spectacles forains et de la farce italienne. Il n'est même pas impossible qu'il ait fait du théâtre. Il y avait en 1708, à la foire Saint-Germain, un théâtre de marionnettes dites marionnettes de Gillot. Était-ce là notre Claude Gillot? Cela n'aurait rien d'invraisemblable, et Charles-Antoine Coypel ne faisait-il pas jouer à peu près dans ce temps sa jolie comédie des *Folies de Cardénio* (1)? Mais laissons cette conjecture et revenons aux dessins de Gillot. Ces dessins sont fort agréables. Les figures sont plaisantes, sans avoir la cocasserie épique que Callot prête à ses Giangurgolo et à ses Francatrippa. Ce sont le plus souvent des lavis de sanguine, repris par-dessus à la plume d'un trait maigre et cursif qui fait ressembler les personnages à de légères poupées d'ouate montées sur crins. Le tout est incorrect mais d'une animation étincelante et presque japonaise ; la forme reste toujours très pauvre. Cet illustrateur trépidant fait penser à ce Constantin Guys, tant admiré de Baudelaire, et à qui il ne manqua qu'un métier plus savant pour être le grand peintre des mœurs du second Empire.

Cet homme si bien et si mal doué avait précisément les mérites d'un excitateur. C'est lui qui débrouilla Watteau. Il l'orienta décidément dans le sens du moderne. Il lui fit voir Paris et les dessous de Paris. Il le déniaisa. Il n'avait rien à lui enseigner de son art ; mais il lui en donna presque toute la matière. Il conduisit Watteau aux baraques de la Foire, à l'Opéra et à la Comédie. Sans Gillot, que de choses inexplicables chez Watteau ! On ne cherche pas assez dans l'œuvre du cadet les traces de l'aîné. Comme tous les artistes qui ont reçu le don divin, Watteau se soucie peu de l'originalité ; il lui est fort indifférent d'où lui viennent ses idées. Il prend son bien où il le trouve. Peu lui importe de qui il tient les éléments avec lesquels il construit ses charmantes féeries. Si l'on y regardait de près, que de fois on le surprendrait en flagrant délit de pillage ! Que de petites compositions, de légères Bacchanales, que d'*Enfants de Momus* ou d'*Enfants de Silène*, que de scènes anacréontiques, d'*Amours jouant avec un bouc*, sont en effet de purs Gillot ! Est-ce que l'*Arlequin, dieu Pan* de celui-ci, ce carnaval de satyres, de faunesses demi-nues, poussant et bousculant le héros losangé à califourchon sur un âne, est-ce que cette sarabande de l'Olympe et de la farce n'est pas justement le thème que Watteau traitera dans le tableau des *Fêtes de Pan*, qui faisait partie naguère de la collection Groult? Sans doute on ne reconnaît guère les idées du Langrois, tant elles paraissent autres dès que le poète y touche. Mais il semble qu'une fois au moins Watteau se laisse prendre sur le fait.

Il y a au musée de Nantes un tableau admirable de la jeunesse de Watteau, où l'on voit dans un paysage sourd, terminé par un fond de collines argentées, une rencontre fort inattendue. Dans une charrette à âne, une espèce de cabriolet de marchand d'orviétan dont la capote de maroquin rouge met au milieu des bois une note somptueuse, un Arlequin en peau de chamois cousue de triangles rouges et verts est arrêté par un trio qui se jette avec force saluts à la tête du baudet : le docteur Pantalon, qui se multiplie en courbettes et se confond en cérémonies, sa fille Colombine en robe bouton d'or, et derrière eux le fat Léandre qui fait le beau dans la pénombre. La coiffure de la jeune fille, ses anglaises, sa toque de velours rouge (de même forme que celle de la *Finette*), tout indique la mode des environs de 1710. On n'avait jamais su expliquer cette scène. M. Marcel Nicole, en feuilletant le recueil du *Théâtre italien*, gravé par Huquier, y a reconnu textuellement une composition de Gillot, représentant une scène d'*Arlequin empereur dans la Lune*.

C'était une comédie créée en 1684, mais reprise en 1712 à la foire Saint-Germain avec un succès éclatant. Il est probable que le tableau est de cette année-là. La pièce est une variante du *Bourgeois gentilhomme*. Arlequin, pour obtenir la main de Colombine, imagine une fable analogue à celle du Grand-Turc. L'empereur de la Lune l'a fait son héritier et l'envoie promettre au docteur la place de premier médecin de son empire, à la condition de prendre Arlequin pour gendre. Arlequin raconte son voyage. Chacun lui demande des nouvelles des États de la Lune.

COLOMBINE. — Et les femmes sont-elles heureuses dans votre empire?

ARLEQUIN. — Cela ne se peut comprendre. Ce sont elles qui manient l'argent et qui font toute la dépense.

COLOMBINE. — C'est tout comme ici.

ARLEQUIN. — Jamais nos femmes ne se lèvent qu'après midi. Elles sont régulièrement trois heures à leur toilette. Ensuite, elles montent en carrosse et se font conduire à la promenade ou à la comédie... Et le mari court les rues à pied, pendant que madame se sert du carrosse pour ses plaisirs.

COLOMBINE. — C'est tout comme ici.

Ce n'est pas la seule occasion où nous voyons Watteau puiser effrontément au répertoire de Gillot. Les *Jaloux* et *Pierrot content* qui n'en est qu'une variante, ou encore les deux pendants *Pour garder l'honneur d'une belle* et *Belle, n'écoutez rien, Arlequin est un traître*, trahissent dans l'allongement des figures et dans le scénario linéaire, archaïque, l'étroite imitation de Gillot. C'est du Gillot encore que le tableau gravé par Caylus, et dont il y a une méchante copie à

Valenciennes, le tableau contre les médecins
où l'on voit, dans un cimetière, la Faculté en
corps avec ses étendards, ses huissiers, ses apo-
thicaires, coucher en joue de vingt clystères un
pauvre diable terrorisé, tandis qu'un Diafoirus
solennel et bâté, en hermine et bonnet carré,
trempe un doigt doctoral dans le vase aux urines.

Toutes ces arlequinades et toutes ces facé-
ties, d'une forme négligée et d'un esprit facile,
se distinguent aussi peu de Gillot, que les
premières œuvres de Raphaël de celles de Pé-
rugin. On les dirait parfois calquées sur les
mêmes dessins. Les rapports de maître à élève
n'avaient alors rien de commun avec ce qu'ils
sont de nos jours. C'était une association où
le premier prenait à son compte les talents
de l'apprenti et employait celui-ci à l'exécution de ses ouvrages. La propriété artistique
était à cette époque une notion mal définie :
le maître n'avait aucun scrupule, en échange
d'un fonds de pratiques et d'idées qu'il communiquait à l'élève, de s'apppproprier en retour
le travail de ce dernier. L'élève n'hésite pas
davantage à se servir des sujets du maître.
Watteau a usé largement de la permission.
Longtemps, avant de trouver sa voie, il n'est
que l'ombre de Gillot. Et la trace de Gillot,
plus ou moins transformée, demeure encore sen-

sible dans plus d'une œuvre du vrai Watteau.

On voit que la liaison fut féconde. La brouille ne tarda pas. Qu'y eut-il entre les deux amis? Une femme? Une pique d'amour-propre? On ne sait pas. Gersaint dit qu'ils se ressemblaient trop pour faire bon ménage. Ils n'avaient ni l'un ni l'autre le caractère commode. Dans la rupture avec Pater, c'est Watteau qui aura les torts et, avant de mourir, il tâchera de les réparer. Je crois que c'est justement le sans-gêne de Watteau et les libertés excessives qu'il prenait avec son aîné, qui firent que celui-ci se fâcha. On soupçonne Watteau de n'avoir pas toujours bien distingué le tien du mien. Watteau jeune n'est pas le poétique malade et le rêveur mélancolique qu'il deviendra plus tard. Cet âge est sans pitié. Il dut se conduire envers son maître avec la dureté et l'égoïsme du génie. Il savait bien, l'ingrat, qu'en dépouillant Gillot, c'est encore à Gillot qu'il faisait tout l'honneur.

Quoi qu'il en soit, ils se quittèrent mal. Gillot fut galant homme. Il eut le mérite de reconnaître la supériorité de son ancien élève, et le rare courage de s'incliner devant elle. On prétend même (je n'en crois rien) qu'il renonça à la peinture et ne fit plus que des dessins. Ceux qu'il exécuta pour les fables de La Motte sont charmants ; ce joli livre ouvre dignement l'admirable

série des livres à figures du dix-huitième siècle.
Lorsque le peintre de l'*Embarquement pour
Cythère* fut reçu à l'Académie, Gillot était là.
Il mourut peu après Watteau, le 4 mai 1722.

***

En quittant Gillot, le jeune homme entra
chez Claude Audran, descendant d'une famille
illustre de graveurs, lui-même grand ornema-
niste et l'un des inventeurs du goût nouveau
en fait de décoration ; il en avait donné des
modèles aux châteaux d'Anet et de Meudon et
à la Ménagerie, chez la duchesse de Bourgogne.
J'aurai à revenir sur ce genre particulier quand
il sera question des arabesques de Watteau.
Audran était concierge, c'est-à-dire conserva-
teur du Luxembourg. Ce palais avait été donné
quelques années plus tôt par la Grande Mademoi-
selle à Louis XIV, qui y accordait des logements
à diverses personnes. Mme de Caylus était logée
au Petit-Luxembourg. A la mort du Roi, le
palais fit retour aux Orléans ; le Régent en fit
cadeau à sa fille, la duchesse de Berry ; elle
ferma le jardin, ce qui donna lieu aux mauvaises
langues de clabauder sur ses débauches. Mais
cela se passait après 1715 ; Watteau avait quitté
depuis longtemps le Luxembourg.

Audran était concierge depuis 1704. Sous le Directoire, le concierge habitait le rez-de-chaussée du pavillon de droite sur la rue de Tournon, qui communiquait directement par un escalier avec l'aile où se trouvait la galerie de Médicis. Étant donné le caractère immuable de tout ce qui touche aux fonctionnaires, il est probable qu'il en était déjà ainsi au temps de Louis XIV.

Ce séjour au Luxembourg marque une date importante dans la vie de Watteau. C'est là qu'il découvrit Rubens et connut le génie de la peinture. Cette prodigieuse galerie qu'on admire aujourd'hui au Louvre n'est pas seulement l'œuvre décorative la plus considérable qui nous soit parvenue de ce maître sublime ; oubliée et boudée pendant tout le dix-septième siècle, alors que le palais désert ne servait qu'à une famille de princes en disgrâce, elle revenait avec éclat dans le domaine de la couronne, jetant dans la bataille pittoresque, avec son héroïque fanfare, un secours décisif. Cette rentrée en scène de Rubens marque la déroute des Poussinistes. La galerie de Médicis, pendant quinze ou vingt ans, est l'école des peintres. Ce fut le séminaire du dix-huitième siècle. Coypel, dans un dessin du Louvre, fait une étude des Sirènes du *Débarquement de la reine*. Et, dans un magnifique in-folio de l'Arsenal, nous avons les éblouissantes sanguines de Nattier, la série complète des dessins exécutés de 1703 à 1710 (précisément à l'heure où Watteau se trouvait là) pour la gravure des planches de la galerie du Luxembourg. La gravure est de Jean Audran. Tout le monde, autour de Watteau, était occupé de Rubens.

J'ignore ce que Watteau doit à cette œuvre incomparable. Une sanguine .de l'ancienne collection Heseltine présentait une étude d'après le tableau du *Couronnement*, et le chien couché en rond, à droite de l'*Enseigne de Gersaint*, est la copie fidèle d'un des deux lévriers qu'on remarque au premier plan de cette cérémonie. Peut-être un *Triomphe de Vénus*, gravé par Philippe Mercier, rappelle-t-il encore les Sirènes du *Débarquement*. Mais je crois que Watteau n'a pris que des détails à la galerie de Médicis. Il a surtout adoré de Rubens certaines choses plus intimes et pour lui plus assimilables. Le bienfait du Luxembourg est autre. Le sarcasme de Gillot avait été un bain d'eau-forte, très bon pour décaper une jeune tête et pour la mettre en garde contre certaines duperies. Chez Rubens, Watteau retrouvait la majesté des maîtres : il découvrait son monde et sa patrie morale, le divin empire de la poésie.

Cette poésie, il la respire encore dans le jardin.

Le jardin du Luxembourg ne ressemblait pas
alors à ce qu'il est aujourd'hui ; le parterre
encadré par des murs en terrasse, où les eaux
de Rungis jaillissaient dans des vasques, ne s'ornait pas encore du double et large hémicycle
dessiné par Chalgrin ni de l'aimable assemblée
des reines de Pradier. Le jardin s'étendait à
l'ouest presque jusqu'à la rue Notre-Dame-des-
Champs ; il était prolongé au midi, du côté
de l'Observatoire, par ceux des Chartreux, de
la Visitation, du Val-de-Grâce et de Port-Royal.
C'était une grande nappe de silence, un parc de
rêveries étendu de ce côté de Paris, et dont on
retrouve une image chez Hugo, dans certains
chapitres des *Misérables* et dans ses souvenirs
des Feuillantines. C'était la promenade du
petit monde du faubourg ; les gens de lettres y
prolongeaient, en sortant du Procope ou de la
Comédie, leurs causeries péripatétiques. Jean-
Jacques y venait calmer ses nerfs malades, et
Diderot dans sa jeunesse y faisait prendre l'air
à son habit râpé et à ses gros bas de laine re-
prisés de fil blanc.

Ce jardin philosophique et assez solitaire
autour de son château de la Belle au bois dor-
mant plaisait, nous dit Caylus, à l'âme de Watteau. Son créateur, l'architecte de Brosses, y
avait déposé pour Marie de Médicis je ne sais

quoi d'italien, un charme indestructible de jardins Boboli que nous percevons encore dans ses
restes mutilés. J'imagine Watteau sur la terrasse
du Luxembourg, au murmure de l'eau s'écoulant
d'une vasque, dans l'attitude de sa jolie gravure
de l'*Homme accoudé*. Que voit-il par-dessus la
balustrade où il s'appuie? Il voit la vie qui passe,
des couples enlacés qui font, sous des ombrages
moins caducs que nos ombres d'existences, les
gestes éternels de l'amour. Il voit par-dessus la
cime des masses verdoyantes, qui se détachent
sur la gloire d'un couchant de Rubens, se balan-
cer une vision de pins parasols et de cyprès ro-
mains. D'elles-mêmes ces images s'organisent, se
composent, et voici que dans le cœur du poète,
au soupir des feuillages, s'agence une vague
ébauche de comédie galante ; tandis que, longtemps après, les architectures à bossages toscans,
les pilastres à tambours, les niches Renaissance
et les congélations rustiques de la fontaine de
Médicis rappelleront dans son œuvre les songeries
du Luxembourg.

*
** *

Cependant le désir d'exceller dans son art
poussait Watteau vers l'Italie. Rome n'avait
pas perdu ce prestige qu'elle exerce sur les âmes
bien nées et dont l'attrait est si puissant sur

les races du Nord. Elle demeura toujours un besoin de son cœur.

Il se met à fréquenter l'Académie, la seule école alors pour l'étude du modèle. Il concourt en 1709 pour le prix de Rome et n'obtient que le second rang. Sa composition s'est perdue. Le sujet était pris de la vie de David (1). Un dessin charmant, enfantin, gravé par Huquier, *Tobie faisant enterrer les morts* (2), peut nous en donner une idée : ce devoir d'écolier rappelle ces petites scènes bibliques traitées en pastorales par les élèves de Giorgione, et qui paraissent mystérieuses à force d'être ingénues. Du reste, gardons-nous de traiter d'âne le jury qui crut devoir préférer à Watteau un inconnu ; et ne disons pas davantage qu'il est heureux pour Watteau de n'avoir pas réussi : qu'en savons-nous ? Pas plus que Fragonard ou Corot, l'Italie n'eût gâté Watteau. Qui peut dire ce qu'une nature comme la sienne n'aurait pas rapporté de cette terre de l'art et de la volupté ?

La déception fut vive. Le jeune homme commençait à s'impatienter chez Audran. Il avait vingt-cinq ans ; il lui tardait de voler de ses propres ailes. Ici laissons parler Gersaint :

Watteau, qui ne voulait pas en demeurer là ni passer sa vie à travailler pour autrui, hasarda un tableau de génie (c'est-à-dire un tableau de son cru) qui représente

un départ de troupes, et qu'il fit à ses temps perdus.
Il le montra au sieur Audran pour lui en demander
son avis. Le sieur Audran, habile homme, et en état
de juger d'une belle chose, fut effrayé du mérite qu'il
reconnut dans ce tableau ; mais la crainte de perdre
un sujet qui lui était utile, et sur lequel il se reposait
assez souvent pour l'arrangement et même pour la
composition des sujets qu'il avait à exécuter, lui conseilla légèrement (Gersaint veut dire qu'il lui fit conseiller d'un ton détaché) de ne point passer son temps
à ces sortes de pièces libres et de fantaisies qui ne
pourraient que lui faire perdre le goût dans lequel il
donnait.

Watteau ne fut pas dupe de ce discours.
Il était décidé à partir. Il prétexta le désir de
revoir sa famille. Mais que faire? L'argent manquait et Watteau ne savait comment s'y prendre
pour vendre son tableau. C'est alors que son
ami Spoëde, le même qui l'avait conduit jadis
chez Métayer, le mène chez Sirois, le grand marchand du pont Notre-Dame, qui lui donne
soixante livres de son tableau et lui commande
le pendant. Watteau peignit en effet ce second
tableau à Valenciennes. C'est le *Détachement
faisant halte.* Cette fois, il reçut deux cents livres.
Ces tableaux, gravés par Cochin, ont toujours
passé, ajoute Gersaint, pour deux des plus
beaux qu'il ait faits.

Ce récit est classique, mais certainement

inexact. Il est bien entendu qu'Audran a fait tout ce qu'il a pu pour retenir son élève, mais le *Départ de troupes* n'est assurément pas le début de Watteau. Audran ne pouvait ignorer que son élève composait ; le *Savoyard* de l'Ermitage et son pendant de la *Fileuse* lui appartenaient ; sans doute ils avaient été peints chez lui. Il est indubitable que Watteau a commencé à peindre chez Gillot. Les deux charmants dessins du Louvre, la *Boutique du barbier* et celle du *Marchand d'étoffes* ont tout le caractère de ce maître ; le dessin des extrémités, les figures trop longues, les têtes trop petites sentent Gillot. J'en dirai autant des *Figures françaises et comiques*, encore si grêles, et des *Figures de modes*, qui semblent se rapporter à l'époque du Luxembourg. Il est évident que Watteau peignait dans ce style dès le même temps des scènes de la comédie. Sa vie est déjà si courte et son œuvre si prodigieuse, qu'elles deviennent incompréhensibles si on les resserre toutes après 1709. Enfin, si timide et si emprunté que fût l'adolescent, c'est le faire par trop nigaud que de croire que depuis sa sortie du pont Notre-Dame, il n'avait pas vendu un tableau. Il ne vivait pas de l'air du temps.

Ce qui est probable, c'est : 1º son désir de s'en aller de chez Audran ; 2º que le *Départ de troupes* est (peut-être) la première de ses scènes militaires ; 3° qu'à cette occasion il fut présenté à Sirois et entra en relations avec la famille de Gersaint. Le reste est de la fantaisie.

****

Nous savons mal ce que Watteau a fait à Valenciennes. Il est possible qu'il y ait peint la *Vraie Gaieté* (1) et peut-être le *Contrat de village* de la collection d'Arenberg. La maison d'Arenberg avait des biens dans le pays et elle posséderait, dit-on, dans ses archives, la quittance de Watteau. Par malheur, le tableau ressemble à un Pater.

Mais laissons là les conjectures. Le fait est que le premier groupe cohérent d'œuvres de notre artiste que la chronologie nous présente et qui soient venues jusqu'à nous en grand nombre, sont des peintures de guerre : le premier Watteau que nous connaissions est un peintre militaire.

1709 ! L'année sinistre, la grande famine, le grand hiver : cette année-là les alcools, l'eau de la reine de Hongrie, dans les chambres à feu, gelaient, faisaient sauter leurs bouteilles. On ramassait dans le ruisseau des corps roides et noirs de froid. La guerre durait depuis sept ans.

Elle ne finissait plus. Nos armes n'étaient plus heureuses. Les revers succédaient aux revers. Avec Turenne, avec Condé la fortune du grand roi semblait descendue au tombeau. Louis XIV n'est plus invincible. Catinat se fait battre en Italie. On évacue le Piémont, on évacue la Bavière. Nous sommes ramenés derrière les Alpes et sur le Rhin. De nouveau la guerre s'installe à la frontière du Nord, sur cette face charnue et molle, de dessin sans os, indécis que présentent ces plaines flamandes, flanc tendre, vulnérable et qui, par la vallée de l'Oise, reste ouvert et béant sur le cœur, sur Paris. La menace depuis deux ans demeurait suspendue et ne se dissipait pas. Elle chargeait le front du pays de son obsession et de son souci. Contre Marlborough et Eugène on se battait sans résultat, sous des capitaines médiocres, sur des lignes presque invariables, sur la Lys, sur l'Escaut, sur l'Yser ; c'était la guerre lente, une espèce de guerre d'usure. On reculait toujours. On perdait Ramillies, Oudenarde, Courtrai ; aujourd'hui, c'était Ypres ; demain, c'était Nieuport. Lille vient de tomber avec sa citadelle. Chaque jour c'est un lambeau de la muraille qui s'en va. La brèche s'ouvre toujours. Le vieux roi n'a plus de héros pour venger ses outrages. Il s'humilie et parlemente. Les malins ricanent le *Pater* ironique :

« Notre Père qui êtes à Marly, votre nom n'est plus glorifié, votre volonté n'est plus faite sur terre ni sur mer... » Il y a toujours eu des plaisants à Paris.

Les tragédies de l'histoire, on sait ce que c'est aujourd'hui : on s'y fait. On se fait à tout. Observons pourtant que Watteau, de dix-huit à vingt-huit ans, a passé son existence dans un Paris de guerre, peignant ses petits *Savoyards*, ses petites *Bacchanales*, ses petites scènes de la Comédie, les timides balbutiements de son œuvre future. Les événements de sa vie, c'étaient le concours de Rome, la brouille avec Gillot, un tableau bien ou mal vendu. Il y avait un public pour ces colifichets.

Ajoutons que la guerre n'avait pas au dix-huitième siècle le caractère sauvage qu'elle a pris de nos jours. Watteau avait le droit de songer à autre chose. L'armée ni la patrie n'étaient alors ce qu'elles sont. Cependant, en 1709, la situation était si grave qu'on vit quelque chose de nouveau. Du fond de cette détresse et de ce noir guignon, jaillit la France des grandes épreuves : une lueur, un éclair de l'instinct national. Voyons les dates : le 6 avril, Watteau monte en loge pour le concours de Rome ; le jugement est du 31 août. Malplaquet est du 11 septembre. Watteau est-il à Valenciennes lors de cette sanglante journée? Toujours est-il qu'à Valenciennes, il se trouve en pleine zone de guerre : des remparts de la ville, il découvre cet horizon de villages qui ont tous des noms de batailles, Courtrai, Rosebecque, Bouvines, Rocroy, Denain, Fontenoy. Changement d'affiche : la guerre devient d'actualité.

Les tableaux de guerre de Watteau se classent en gros aux environs de 1710, mais il s'en faut que ce soient tous des œuvres de jeunesse. Plusieurs ne sont plus connus que par des dessins ou des gravures. Il y en a deux à l'Ermitage, les *Fatigues* et les *Délassements de la guerre;* ce sont ceux qui appartenaient à Antoine de La Roque, le blessé de Malplaquet, que Watteau a peut-être connu alors à Valenciennes. Ceux qui les ont vus disent que ce sont de petits tableaux roux et d'une gamme monochrome. Watteau a certainement commencé par des tons sourds. Telles sont encore la jolie *Halte* appartenant à M. le baron Ernest Seillière et la *Porte de Valenciennes* de l'ancienne collection Doucet (à M. Albert Lehmann). Au contraire, dans le petit *Campement* de la collection David-Weill, et surtout dans l'*Escorte d'équipages* de l'ancienne

collection Carrière, la palette se diapre et s'irise ;
les tons se dégagent du roux. C'est Watteau
tout entier dans sa manière fleurie, à une
époque déjà voisine de 1712 et des peintures
de l'hôtel Crozat.

Il n'est pas question de décrire un à un les
tableaux militaires de Watteau. Pour en comprendre la nouveauté, il faut pourtant dire
quelques mots de la manière dont les peintres
traitaient ce sujet avant lui. Les sujets tragiques
et atroces, tels qu'on les trouve chez Callot et
plus tard chez Goya, l'ont rarement tenté ; les
« pendants » gravés par Baron, le *Pillement d'un
village* et la *Revanche des paysans*, qui sont d'ailleurs des lieux communs de la peinture du Nord
depuis la guerre de Trente ans, sont les seules
scènes de violence qu'il semble avoir risquées.
Fourcaud s'étonne de leur air placide. Quiconque a vu la guerre sait que les choses ter-
ribles s'y passent rapidement, en silence et avec
une apparence tranquille qui est le comble de
l'horreur.

Mais il est vrai que la tragédie n'intéresse
point Watteau : Caylus lui reproche déjà son
impuissance dramatique. Elle est très frappante
en effet dans toute son œuvre et en particulier
dans son œuvre militaire. Ce qui lui est propre
en ce genre, c'est de n'avoir jamais représenté

aucun fait : nulle action d'éclat, nulle conquête, nulle ville prise, aucun grand capitaine. C'est la guerre vue humblement, non du côté des chefs, mais du côté de la troupe. Rien de plus neuf que ces deux traits. Il n'avait pas manqué jusqu'alors de spécialistes des batailles. Et l'immense galerie de van der Meulen, pour ne citer que celle-là, est bien loin de mériter les critiques qu'on lui fait : quatre années de tranchées et de guerre immobile ont réhabilité ce beau peintre sous le rapport de la conscience et de l'exactitude. Ce chroniqueur imperturbable, que Watteau a d'ailleurs consulté (il s'en souvient dans le *Défilé*, gravé par Moyreau), est mille fois plus véridique que les petits bataillistes à escarmouches et à ruades, les Wouwerman, les Bourguignon et leurs successeurs les Parrocel et les Casanova, avec leur *furia* chiquée, leur poudre, leurs pétarades.

Plus vrai et plus original, plus réaliste et plus poète, Watteau peint ce que nul avant lui n'avait vu : celui dont nul ne parle, celui qu'on ne connaît pas, qui n'a rien à lui, pas même un nom, — ou bien c'est un nom de guerre, la Tulipe, la Violette, Jolicœur, la Framboise, — celui qu'on appelait le « grivois », qu'on a appelé le « grognard », que nous appelons le « poilu », le bonhomme qui gagne les batailles de la France

Voilà le personnage de Watteau. Il l'a trouvé un siècle avant Charlet, avant Raffet. Il est là tout entier, dans ces prodigieux griffonnages, dans ces traits rageurs de sanguine, dans ces croquis, dans ces dessins balafrés et égratignés par la griffe du génie et où c'est toute la vieille armée des fleurs de lis qui passe.

On a dit que Watteau peint la guerre en dentelles. Quelle erreur ! Certes, il est trop naïf, trop dénué de rhétorique, il a trop de goût enfin pour essayer de peindre ce qui échappe à toute observation et ce qu'aucun témoin véridique ne peut dire avoir positivement vu : une scène de bataille. Des marches, des cantonnements, des scènes de bivouac, des haltes au bord d'une route, des troupes au repos, des convois, des cuisines en plein vent où fume le bois vert, aux lisières d'un village, ce va-et-vient qui se passe sur les arrières d'une armée, ce que l'artiste a pu réellement observer, voilà ce que nous trouvons dans cette œuvre de bonne foi. Il y a un accent de nature, un air pris sur le vif, une complète absence de routine. Sans doute on voit souvent dans ces tableaux des femmes, plus de femmes qu'on n'a coutume de s'en figurer dans une armée. Toutes ne sont pas des vivandières ; beaucoup sont là en curieuses, d'autres semblent un peu plus encore. Il y a

4

toujours, autour d'une troupe, grand émoi de
féminines tendresses. On sait que le soldat aime
les belles et que Mars fut toujours bien voulu de
Vénus. C'est une tradition qui ne s'est pas
perdue. Sur ce point, avec son goût de ne rien
surfaire, de ne rien pousser à l'héroïsme, Watteau est encore plus vrai que la plupart des
peintres.

Tout enfant, on nous dit qu'il s'échappait de
chez ses parents toutes les fois qu'il le pouvait
pour courir sur la place se mêler aux bayeurs
et dessiner les parades des charlatans et des
forains. Plus tard, sur le pont Notre-Dame et
chez Audran, au Luxembourg, il prendra sur
ses nuits et sur ses jours de fêtes pour dessiner
encore, toujours dessiner d'après nature tout ce
qui lui tombe sous la main. Ainsi s'annonçait
sa vocation de croquiste, et se perfectionnait
par un exercice assidu ce don inouï de dessinateur qui est le meilleur de son génie.

Dans une ville du front, dans l'animation
de la guerre et le bonheur d'un moment de
vacances, que de spectacles pour ce curieux !
Tout ce pittoresque des armées, les uniformes,
les bagages, les chevaux, les fourgons ; les couleurs de chaque régiment, la démarche des
hommes, leur manière de planter le tricorne
sur la tête, de fumer la pipe, de porter le mous

quet ou l'épée ; les occupations du corps de
garde, les jeux de cartes sous la poterne, la
silhouette de la sentinelle enveloppée dans son
manteau ; les enseignes portant sur l'épaule le
drapeau de la compagnie, le tambour qui s'en
va sa caisse sur le dos ; puis, les épaves de la
bataille, les blessés le bras en écharpe, les éclopés
sur leurs béquilles ; ailleurs, les apprêts du
bivouac, la soupe qui bout dans les marmites,
le cuistot qui surveille les feux, son aide à quatre
pattes qui jette le fagot sur la flamme, les épi-
sodes variés des quartiers d'hiver et de la vie
en campagne, le personnel et le pêle-mêle de
l'existence militaire, la tente, la sieste en plein
air, le coup de vin sous la tonnelle, — ces mouvements piquants, l'air imprévu, ce petit enivre-
ment martial qui se respire dans un pays occupé
par des troupes et au bruit du canon, tout ce qui
fait de la guerre et de son atmosphère quelque
chose de si excitant, — quelle mine inépuisable
pour le badaud, qu'était Watteau !

On le voit passionné pour ce genre de re-
portage, suivre les colonnes en marche, s'arrêter quand elles s'arrêtent, débrouiller à la
pointe de la sanguine ou du crayon le spectacle
des rangs qui s'égaillent, les groupes qui se
forment, noter au vol un geste, une attitude,
l'estafette au galop, le sergent mâchant un

juron, l'officier impassible appuyé sur sa canne :
et il faut croire qu'il a rempli de ces notes bien
des cahiers, et que cette sorte de documents
était quelque chose de bien inédit, car il n'y
a pas de dessins, parmi ceux de Watteau, que
les contemporains aient mis au-dessus de ses
dessins militaires, et ce sont les plus nombreux
que ses amis aient fait graver dans le recueil
des *Figures de différents caractères.*

Mais ce qui est admirable, ce n'est pas seulement la vérité de chaque figure et la justesse
de chaque type : c'est la vie de l'ensemble,
le caractère moderne. Rien qu'à voir les gravures, quel sentiment s'exhale du *Retour de
campagne* ou des *Fatigues de la guerre!* Dans
ces hommes débandés, dans ces cohues qui
marchent, épaules courbées, têtes basses, avec
un grand coup de vent qui soulève les man-
teaux et agite les bâches, chassant devant lui
le flot de ces lassitudes déguenillées, quelle
impression d'accablement et de fatalité ! On
se rappelle de pareilles visions au début de la
dernière guerre, lors de la retraite d'août et de
l'exode lugubre et de la fuite des campagnes.
Ou bien, c'est le merveilleux tableau de l'*Escorte
d'équipages :* un bijou de peinture, plein d'une
émotion complexe, fugitive. Un grand ciel ora-
geux avec une trouée orangée, qui découvre un

lambeau de bleu apparu comme un vague sourire au milieu des vapeurs. La terre est dé-
trempée ; les lointains sont de cet azur dense
qui suit dans les contrées boisées les journées
pluvieuses. Dans ce cercle de campagnes mouillées, au soir d'une longue étape, une arrière-
garde est arrêtée ; quelques hommes font la po-
pote, les feux s'allument, on décharge les bâts.
Un cheval blanc, une de ces rosses qu'on
ne voit qu'à la guerre, attend qu'on la dé-
telle et penche patiemment au bout d'un col
maigre comme une corde sa caboche résignée.
Près de là, un tas d'équipements, un fouillis
de mousquets, de gibernes, de tambours, ce
désordre spécial qui accompagne les troupes, et
qu'on a appelé le « fumier de la guerre (1) ». Au
centre, un groupe de trois femmes, assises sur
un tertre et attendant la soupe ; celle qui est au
milieu donne le sein à son enfant. Un soldat,
étendu par terre et appuyé sur les coudes, fait
le galant à gauche auprès de la plus coquette.
Un autre, au premier plan, couché sur le dos, la
tête à la renverse et les mains sous la tête,
ronfle philosophiquement, en sage revenu même
des femmes, leur préférant son rêve, ou le sommeil, ou rien. Des taches colorées, une robe
bouton d'or avec un fichu noir, une jupe blanche,
le blanc du cheval, des touches bleues aux

manches, aux vestes, dans le ciel, voltigent capricieusement dans la composition. A quelque distance, un hameau, des toits de chaume aperçus à travers la fumée : la vie sédentaire à côté de l'existence nomade, le calme, l'intimité qu'on devine auprès de l'aventure ; des fumées vagabondes se reliant aux grisailles célestes ; au fond, des troupes qui s'ébranlent et reprennent leur marche, pour aller Dieu sait où ; — une halte d'un moment, un instant de paix au bord d'un village, à la fin de la journée, et puis de nouveau le départ, l'en avant, l'inconnu. De la gaîté et de la mélancolie, de la vérité et du rêve, de la précision et de la poésie : personne n'avait peint ainsi.

Le tableau du *Départ de troupes* — la *Recrue allant joindre le régiment*, selon le titre de la gravure — fut immédiatement célèbre. J'en connais cinq ou six répliques, à Nantes, à Riom, à Glasgow, chez M. Edmond de Rothschild ; la plus belle à mon gré est celle qui est entrée depuis peu à Angers dans les collections de l'hôtel Pincé. C'est un petit panneau de quelques centimètres qu'on peut tenir dans les deux mains, comme une estampe. Une file de huit gardes-françaises marche lourdement sous un ciel noir, sur un sol spongieux ; les dos se voûtent, les sacs pèsent, la pluie cingle ; les bottes se décollent

avec peine de la glaise gluante. Un immense
ciel livide, un ciel bousculé de rafales où se
confondent toutes les nuances de l'ardoise et de
la suie, un de ces grands ciels plafonnants et
lugubres où chevauchent toutes les tempêtes
de novembre, secoue sur le tableau sa tristesse,
où achève de se déteindre et de se diluer un
arc-en-ciel. C'est le douloureux crépuscule des
Flandres en automne. Un rayon détrempé,
tombé on ne sait d'où, jette un jour de souffrance
parmi ces ténèbres convulsives, vacille et s'éva-
nouit, éclairant avant de disparaître, de sa
lueur capricieuse, la troupe qui se détache en
silhouettes pâles sur un horizon d'encre. A
gauche, un cavalier enveloppé d'un manteau
bleu, la tête enfoncée dans les épaules, plonge
déjà à demi dans la nuit. Ce coup de lumière
incertain, ces attitudes penchées, obliques, rési-
gnées, cette file d'hommes harassés, luttant
contre le vent, contre l'averse, contre la boue,
sous un ciel tourmenté, sur une plaine vide ; la
petite mare frémissante, le saule décapité, l'air
d'apparition que prend toute chose sous la grisaille funèbre, le frisson qui court sur le chaume,
courbe les têtes, transit les membres : cette
colonne d'hommes en marche contre les éléments hostiles, la nature inclémente, l'horizon
inquiet et l'avenir douteux : c'est un drame

que nous avons vu cent fois dans ces quatre
ans, pire que le feu, pire que la mitraille ; c est
la guerre sans panache, sans gloire, sans ivresse,
la guerre en habit de tous les jours. C'est la
« relève »...

Tout Watteau est déjà ici, son dessin infaillible, sa vision spéciale ; les figurines n'ont pas
la taille du petit doigt, et dans ces dimensions
minuscules, il n'y a pas une petitesse. Tout a
l'autorité et l'audace d'un maître. Il faudrait
analyser ce qu'il vibre d'ardeurs contenues dans
cette peinture sourde, de quelles couleurs est
faite cette gamme incolore. Michelet l'a observé :
cette chose insaisissable et si française, le pas, —
ce je ne sais quoi de leste, d'alerte, d'élastique,
le mouvement qui fait d'une troupe une sorte
d'animal vivant, Watteau l'a rendu le premier.
Il y a dans ces fines ombres de la misère et du
défi, un incroyable ressort : on entend sur les
lèvres le refrain gouailleur, *Malbrouck s'en va-
t-en guerre*... Ce n'est pas tout. Voyez cette ara
besque sinueuse, le rythme de ces couples, cette
composition en sihouette et ce mouvement en
guirlande : c'est **d'avance** toute la ligne de l'*Embarquement pour Cythère*. C'est déjà un élan, un
voyage, un départ.

Il naît ainsi, de loin en loin, de ces porteurs
de mélodies, ayant dans le cœur une chanson

faite pour traverser les âges : ils s'appellent Villon, ou Watteau, ou Mozart. Poètes vraiment rares, créatures mises sur la terre comme par un décret nominatif de la Providence... Tel est ce jeune homme de vingt-cinq ans, à qui Sirois donne soixante livres de ce tableautin merveilleux. Et il avait déjà, après l'hiver de 1709, cette petite toux sèche dont il allait mourir.

CHAPITRE II

LES « FÊTES GALANTES » : PAYSAGES ET
DESSINS DE WATTEAU. — L' « EMBAR-
QUEMENT POUR CYTHÈRE ».

De l'été de 1709 où nous voyons Watteau,
après l'échec du prix de Rome, partir pour
Valenciennes, à l'été de 1712, où il est agréé
par MM. de l'Académie, nous ne savons plus
rien de lui. Quand revient-il à Paris? Qu'y fait-
il? Où vit-il? Mystère.

Cette période de sa vie est une des plus mal
connues de notre histoire artistique. Les Salons
sont fermés depuis 1704. Les Expositions de la
Jeunesse, qui se tenaient tous les ans le matin
de la Fête-Dieu sur la place Dauphine, depuis
la fin du dix-septième siècle, n'ont pas laissé
de traces avant 1720.

Le seul document qui nous reste sur ces
années de Watteau est une lettre du 23 septembre 1711 adressée par Sirois, chez qui loge
à ce moment l'artiste, à une dame Josset, li-

braire à Paris. Nous y voyons Watteau connu, presque célèbre au lendemain du succès de ses tableaux militaires, mais bizarre, inconstant, maladif et un peu sauvage. Le médecin l'a mis au régime du quinquina. Il est recherché, il fréquente l'illustre auteur du *Diable boiteux* et de *Turcaret.* Il passe, à vingt-sept ans, pour un des rois de la palette. Mais il y a en lui on ne sait quel feu inquiet. Un démon intérieur l'empêche de se satisfaire. Mobile, irritable comme la flamme, incapable de contrainte et de dépendance, il va de sujet en sujet, ardent, capricieux, aride, dégoûté. Il étonne ses amis, les blesse, les décourage. Comment comprendraient-ils ces lubies de l'artiste que tourmente la beauté?

Sirois dit qu'il travaille à une *Foire du Lendit* qui sera son « chef-d'œuvre ». On a vu qu'il a fait peut-être à Valenciennes le *Contrat de village.* Nous avons sur le même sujet trois ou quatre variantes, évidemment du même temps, la *Mariée de village*, l'*Accordée de village*, la *Noce de campagne,* auxquelles on peut joindre la *Fête de campagne* (à Mme la princesse de Poix) et quelques compositions perdues, mais connues par l'estampe, comme le *Retour de guinguette* ou la *Promenade sur les remparts.*

Le plus bel exemplaire de la *Mariée de village* est celui qui se trouve à Londres dans le petit

musée légué à la ville par John Soane, architecte de la Banque d'Angleterre. C'est un des
derniers de la série : un tableau tout imprégné
d'or et tissu en dessous d'une magnifique harmonie pourpre. La scène, comme il arrive dans
tout ce groupe d'œuvres de jeunesse, est un peu
encombrée ; les motifs se pressent et se nuisent.
L'artiste ne sait pas se résoudre aux sacrifices.
Les visages menus et un peu émaillés papillotent
dans la pénombre avec une grâce indécise qui
ne tient ni des champs ni des planches et qui
se meut dans un monde intermédiaire entre la
réalité et l'opéra-comique. C'est déjà plus fin,
plus aigu que du Téniers ou du Jan Steen. Mais
où est le vrai Watteau parmi tant de sécheresses?
Nous sommes en 1711. Comment, en moins de
cinq ou six ans, le peintre minutieux, appliqué
et un peu rustique de la *Mariée de village* va-t-il
devenir le poète de l'*Embarquement pour Cythère*?

C'est sur ces entrefaites que se place un événement considérable dans la vie de Watteau.
Depuis le Luxembourg, le désir ne l'avait plus
quitté de visiter l'Italie. Mais le roi a autre
chose à faire que de pensionner des peintres ;
l'école de Rome végète, à la veille de fermer

pour dettes. Watteau ne partira jamais. Ce
voyage que le roi n'a plus de quoi lui offrir, un
simple particulier lui en fournit l'équivalent :
il va, sans bouger de Paris, lui servir toute
l'Italie à domicile.

Il y avait alors dans ce monde de traitants
qui devenait, avec les Paris et les Law, la grande
puissance de l'État, deux frères d'une fortune
proverbiale : c'étaient deux Toulousains, les
frères Crozat. Saint-Simon, qui nourrit pour les
gens de leur espèce un mépris féodal, écrit que
ces nouveaux Crésus étaient les fils d'un garçon
d'écurie. En réalité, les Crozat descendaient d'une
très bonne famille du Languedoc : le père, qui
avait commencé leur fortune, était capitoul
de Toulouse et seigneur de Barthecave en 1674.
Il avait épousé en secondes noces une Saporta.
Les Crozat n'avaient donc pas brûlé l'étape.
L'aîné, Antoine, enrichi dans l'affaire des terrains
de la place Vendôme, donna deux millions de
dot à sa fille et devint ainsi le beau-père du comte
d'Évreux, par la première en date des grandes
mésalliances d'argent. Il fut l'organisateur de
la Louisiane, dont il passa les actions à la compagnie des Indes. En 1711, pour subvenir aux
frais de la campagne, il était taxé à six millions
six cent mille livres, tandis que Samuel Bernard
ne l'était qu'à quatre millions. C'était Crozat

le Traitant, Crozat le Riche, le grand Crozat.

Son frère, Pierre Crozat ou Crozat le Curieux,
vivait retiré des affaires, en garçon et en dilet-
tante. Au bout de la rue de Richelieu, derrière
la bibliothèque du roi, il s'était fait construire
un hôtel par Cartaud, l'auteur correct et un peu
froid de la façade de Notre-Dame-des-Victoires.
Les jardins s'étendaient à peu près de la rue
Saint-Marc et de l'emplacement du passage
Choiseul jusqu'au terre-plein du boulevard ; un
passage souterrain, percé sous le boulevard, con-
duisait au potager, qui se prolongeait jusqu'au
ruisseau de la Grange-Batelière. Pierre Crozat,
qui avait du loisir et du goût, épicurien et mélo-
mane, ami de ce spirituel Régent et de son amie,
Mme de Prie, avait repris à son compte ce rôle
de mécène dont le roi ne pouvait plus faire les
frais. Il avait fait décorer sa fastueuse demeure
par La Fosse, le plus habile successeur de Le
Brun ; il avait même offert un appartement au
vieil artiste, qui vivait là doucement avec sa
femme et sa nièce d'Argenon, cantatrice dont
la voix célèbre faisait l'ornement de ses concerts.
Il faisait travailler aussi le grand sculpteur Le
Gros. Surtout il s'était formé une galerie que nous
connaissons bien par les croquis de Saint-Aubin
et parce qu'elle existe encore ; achetée en bloc
en 1771 par la grande Catherine, elle forme au

jourd'hui le fonds du musée de l'Ermitage. « Ce sont, écrit Diderot qui fut le courtier de cette affaire, des Raphaël, des Guide, des Poussin, des van Dyck, des Schidone, des Carlo Lotti, des Rembrandt, des Wouwermans, des Téniers, etc., au nombre d'environ cinq cents morceaux. Cela coûte à Sa Majesté Impériale 460 000 livres. Ce n'est pas la moitié de la valeur. » Et Grimm ajoute : « M. de Marigny a eu la douleur de voir passer ces richesses à l'étranger, faute de fonds pour les acquérir pour le compte du roi. » Tel était ce nabab qui s'offrait une galerie trop chère pour le roi de France. On l'appellait Crozat le Pauvre.

C'est probablement par Sirois que Watteau fut introduit dans la maison. Crozat lui commanda la décoration de sa salle à manger, ce qui fait bien voir, soit dit en passant, quelle était déjà à cet âge la réputation du jeune maître, puisqu'un amateur n'hésite pas à lui confier un ouvrage important, de préférence à des peintres en renom, comme Bon Boullogne ou Coypel. Watteau exécuta, en quatre dessus de portes, les *Quatre Saisons*. C'était sa première tentative en sujets de grandes dimensions. Les compositions sont charmantes. Caylus dit fort étourdiment qu'elles sont de La Fosse : nous avons conservé les études du *Printemps* et de

l'*Automne*, et ce sont parmi les plus beaux des
dessins de Watteau (1). Les peintures se sont
perdues, sauf celle de l'*Été* qui s'est retrouvée
en Angleterre et fait partie de la collection
Léon Michel-Lévy. Elle a malheureusement
souffert, mais pas assez pour perdre sa grâce
de blonde coiffée d'épis, de coquelicots et de
bleuets.

L'entrée dans la maison de Crozat est un fait
capital dans l'histoire de Watteau. En quelques
mois, le jeune homme, jusqu'alors peu formé,
instruit au hasard des rencontres dans les idées
modernes de Gillot et d'Audran, absorbe les
beautés du passé et s'assimile une longue culture. Dès lors il y aura dans ses œuvres une
atmosphère nouvelle, quelque chose de plus profond et venu de plus loin, qui se mêle désormais
à ses propres rêveries, comme s'il continuait
quelque songe éternel. Logé aux environs, quasi
à la campagne, dans cette plaine des Porcherons,
pleine de cultures maraîchères, dont il nous a
laissé un souvenir dans l'*Abreuvoir* et le *Marais*,
il fréquente certainement aussi d'autres collections célèbres : un grand nombre de tableaux
du roi se trouvaient alors chez le duc d'Antin,
à deux pas de chez Crozat, dans le somptueux
palais de la porte Gaillon, et c'est là que Watteau a vu quelques-unes des peintures qu'il a

le plus manifestement imitées. Il va encore à
Vaugirard chez Mme de Verrue qui avait de
si beaux flamands, et qui goûtait si bien Watteau.

Mais ce qu'il y avait d'unique chez Crozat,
c'était son cabinet de dessins : il y en avait
dix-neuf mille (le Louvre n'en a guère davantage), des dessins achetés par cabinets entiers,
les plus illustres collections de Bologne, d'Anvers, de Rome ou d'Amsterdam, cent trois
Titien, un lot égal de Véronèse, toute la pensée
la plus intime, toute l'Italie de la Renaissance,
Rome et Venise entières avec tous leurs secrets
et leurs enchantements dans cet incomparable
écrin de confidences et de poésies.

La transformation que subit Watteau dans
ce milieu fut décisive. Sur ces feuillets légers,
son âme prit son vol. Comme Rembrandt,
comme Gainsborough, Watteau est un de ces
« Italiens » qui n'ont fait le voyage qu'en songe
et qui n'ont aperçu la terre de volupté qu'à
travers les visions de leur fantaisie. Delacroix
écrit quelque part à propos de Watteau : « Œuvre
exquise ! Venise et la Flandre s'y trouvent réunies. » C'est en effet le double reflet de ces deux
mondes qui se combine dans une proportion

d'une grâce insoupçonnée pour composer le sortilège du subtil magicien.

Ce qu'il doit à Venise éclate dans son œuvre en caractères frappants. Ce ne sont pas seulement des colorations, ces belles ardeurs qui se trahissent dans l'*Antiope* de la galerie La Caze par on ne sait quelle moiteur qui fait rayonner dans le crépuscule des carnations de nacre ou d'ambre ; ce n'est pas seulement un ordre de sujets, un décor, des portiques empruntés, comme dans les *Charmes de la vie*, aux architectures de Véronèse. Ce ne sont là que des détails : Watteau doit à Venise quelque chose de plus profond. A partir du moment où il entre en contact avec les grands Vénitiens, un certain prosaïsme, un soupçon de trivialité qui subsistait en lui de ses origines flamandes, achève de disparaître ; il apprend à penser sur le plan de la poésie. Sa pente naturelle, son instinct de transformateur se trouvaient jusqu'alors contrariés, traversés par un reste d'adhérence à la terre, à l'ironie, à la vérité purement anecdotique. Il avait fait de petits tableaux d'observation humoristique, des *Retours de guinguette*, des sujets d'actualité comme le *Départ des comédiens italiens* ou le *Départ pour les Iles*, la presse des filles de joie, les larmes de Manon Lescaut que la police rafle pour le Mississipi. Désormais ses idées se simplifient et se généralisent ; son esprit se détache décidément du fait divers. A l'exemple des Vénitiens, les profonds harmonistes qui ont peuplé nos musées de leurs *Saintes conversations* et de leurs calmes concerts, Watteau se met à contempler le monde sous l'aspect de la musique.

Mais le vrai ancêtre de Watteau, son maître en toutes choses, c'est Rubens. Il retrouve en lui sa tradition. C'est dans ce torrent de Rubens qu'il vient toujours se rajeunir. Ceci étonne un peu, parce qu'on est dupe des dimensions matérielles de leurs œuvres, et qu'on ne trouve pas chez Watteau ce gonflement herculéen, cette luxuriance des chairs et cette congestion de formes athlétiques. Mais si l'on prend garde que Watteau, dans sa courte existence, a fait plus de trois cents tableaux et que Rubens se borne à peindre de sa main les esquisses des toiles qu'il faisait exécuter en grand par ses élèves, on trouvera que leurs œuvres s'égalisent dans une certaine mesure, et qu'elles diffèrent moins par le tempérament que par des conditions de temps et de milieu. En fait, c'est à Rubens que Watteau doit presque tous les éléments de son art : il lui doit son inimitable procédé de dessin, ce dessin aux trois crayons dont Watteau demeure le maître insurpassé : il lui doit sa méthode de

peinture, ces colorations légères de demi-pâtes
en glacis sur des préparations de vermillon qui
affleurent dans les ombres comme des lueurs de
sang et prêtent à la peinture on ne sait quelle
vivante ardeur. Il lui doit ces gris raffinés qui
sont tout le secret de l'orchestration de Rubens,
la transition dont il se sert pour relier, amortir
ses grandes sonorités.

Le Rubens exquis, le Rubens parfait, celui
des paysages, des ébauches, de ces étincelantes
esquisses poétiques qui contiennent un infini
de passion, de tendresse, de fougue ou de sensualité, ce Rubens réaliste, épique, rabelaisien
et romanesque, demeura jusqu'au dernier jour
l'idole de Watteau. Deux de ses rares billets
à la veille de sa mort sont un hymne à Rubens.

Mais mieux encore que ses paroles, ses œuvres
témoignent de sa foi. Il y avait alors chez la
comtesse de Verrue un incomparable Rubens,
ce *Jardin d'amour* célèbre par la variante du
Prado et par la copie de Dresde, et dont l'original fait la gloire de la collection de M. Edmond
de Rothschild : dans un parc aux ombrages profonds et aux bossages baroques, des seigneurs
Louis XIII, des cavaliers pattus et des femmes
de satin, huppées d'aigrettes, de collerettes et
de luxueux plumages, se promènent avec des
frou-frous, se pavanent et roucoulent, tandis

qu'une fontaine que domine une Vénus impudique épanche sa fraîcheur et qu'une volée d'amours — *veneres cupidinesque* — fripons, furtifs et indiscrets, viennent frôler les jupes et glissent entre les couples leurs caresses, leurs souffles et leurs agaceries. Ces amours, les voici dans l'*Embarquement pour Cythère;* voilà dans maint Watteau cette fontaine lascive, son ondoyante déesse, ou le rire muet de son faune lubrique et complaisant. Mais comme le sentiment change! Le *Jardin d'amour* de Rubens, c'est la galanterie de Buckingham et de Bassompierre, c'est l'époque de Gabrielle et du roi vertgalant, c'est la sensualité virile de Rubens, l'homme qui a le moins fait mystère de son bonheur et le plus étalé les charmes de sa femme, habillée ou déshabillée. Les choses avec Watteau vont prendre un autre accent. Mais je reviendrai dans un moment à l'*Embarquement pour Cythère.*

Nous n'avons pas la preuve absolue que Watteau ait jamais étudié le *Jardin d'amour*, bien que tout incline à croire que c'est de là (et aussi de tableaux comme ceux de Christophe van der Lamen et de Jérome le « Danseur ») que dérive l'idée première de ses *Fêtes galantes* (1). Au contraire, nous avons les témoignages multipliés de l'étude approfondie qu'il a faite de

la *Kermesse*. Vous vous rappelez cette page bon-
dissante, tournoyante, cette cadence emportée,
irrésistible de pas balourds, qui semble soulever
dans sa ronde les collines et les champs hilares,
ce tourbillon rythmé par quelque archet sur-
naturel, et çà et là scandé, comme par cinq
ou six points d'orgue, de gros baisers gloutons,
à bouche que veux-tu. Ce poème en patois, cette
merveilleuse canaille lyrique ont transporté Watteau. Il en a fait une étude peinte (1). Il en a
fait plusieurs dessins : une double feuille de croquis au British Museum et trois dessins au Louvre.
Enfin un autre dessin des Arts décoratifs reproduit le groupe central, ce groupe farouche du
danseur qui imprime sa bouche goulue sur la
bouche de la femme renversée dans ses bras.

Ce n'est pas tout. Dans un rare tableau conservé à Buckingham Palace, Watteau — fait
insolite — a repris ce motif. A la campagne,
quelque part, sur un banc de pierre à l'ombre
d'un bosquet, un Mezzetin fleur de pêcher accompagne sur sa mandoline un duo d'amoureux. Le
soir est énervant ; sur le ciel orangé traînent des
nuées roses. Soudain le chant s'arrête et le charme
se rompt : l'amoureux se penche sur la blonde
qui ploie mollement sous son étreinte et, aux
yeux du Mezzetin étonné qui cherche l'accord
qui lui échappe, colle brusquement ses lèvres à ses

lèvres pâmées. Ce tableau s'appelle la *Surprise*. Grande surprise, en effet, dans cette œuvre si retenue, toute de rêverie et de murmures, ce ressouvenir de Rubens éclate tout à coup dans l'irritation de ses carmins et de ses roses, avec l'ardeur subite d'une flamme de phtisique, comme un cri de convoitise et de désir.

*
* *

Enfin, dernier bienfait que Watteau dut à Crozat, il rencontra chez lui les véritables élégances et les grâces authentiques de la Parisienne. J'ai cherché en vain des détails sur la société de la rue de Richelieu ; le baron Desazars n'en dit rien dans son étude sur les Crozat (1). Quant aux sottises qu'on a écrites sur la corruption de la Régence, on sait que chaque siècle offre à peu près la même somme de bien et de mal. Je ne crois pas que ce sybarite de Crozat fût un bourreau de vertu, mais les femmes qu'il recevait n'étaient pas toutes des Messalines. Elles étaient honnêtes selon les idées de leur âge, et du moins de manières exquises. Pour un artiste tel que Watteau, pour un adorateur de la femme, ayant comme une femme le sens de la parure ; pour un homme dont un contemporain a écrit que son œuvre n'est que l'histoire

des modes de son temps (1), pour cet amoureux,
pour ce peintre aigu de tout ce qui est de fémi-
nine essence, — ce contact de la femme de goût,
de la femme du monde, de la pure distinction
et de la naturelle finesse parisiennes, était une
occasion à payer de sa vie. Ce fut le bonheur de
Watteau d'avoir (en retournant le mot de Mar-
montel sur Boucher) vu les grâces en bon lieu.

Mais ces grâces, qui risqueraient de rester
trop mondaines, Watteau sait un moyen de les
poétiser. Nous nous flattons d'avoir inventé le
sentiment de la nature. Quelle fatuité ! Les environs de Paris, dans un rayon de vingt-cinq lieues,
étaient depuis cent ans ce jardin de châteaux
que le val de Loire et la Touraine avaient été
aux jours de Blois et de Chambord. A Montmorency, près d'Enghien, entre l'étang et la
forêt, Pierre Crozat possédait sa maison des
champs. Cette maison, bâtie par Le Vau pour
le peintre Le Brun, est celle qu'habita plus tard
le maréchal de Luxembourg, qui y prêta un
ermitage à l'auteur de la *Nouvelle Héloïse*. La
Fosse avait peint la rotonde du salon à l'italienne. Le Gros avait sculpté les anges de la chapelle et Oppenord avait construit au bout d'une
terrasse, derrière un bassin octogone, une orangerie décorée de trois arcades qu'ornait la
figure d'un lion muselé par l'Amour. Plus tard,

le compositeur Grétry habita l'Ermitage (1).

Watteau était venu à la campagne chez Crozat. La gravure de la *Perspective* montre dans le lointain l'orangerie d'Oppenord, et dans l'œuvre de Caylus au cabinet des Estampes, sous une petite eau-forte d'un dessin de Watteau qui reproduit la même « fabrique », la main de Mariette a écrit : *Watteau à Montmorency.*

L' « homme accoudé » du Luxembourg, le rêveur qui préférait aux autres les jardins mal peignés, devait se plaire en ces lieux aimablement sauvages, où Rousseau vint nourrir son trouble et sa mélancolie. Peu agreste, nullement rural, personne plus que Watteau n'a été sincèrement champêtre. Walpole dit qu'il a peint la nature en perruque, comme dans l'*Astrée*, et que pour sa part, il n'a pu s'expliquer les arbres de Watteau avant d'avoir vu les boulingrins et les charmilles des Tuileries. Quelle injustice ! Chose curieuse : en dehors de quatre ou cinq tableaux, on ne citerait pas un Watteau qui ne soit une scène de plein air. De bonne heure, la nature, les arbres, un coin de ciel nonchalamment réfléchi par les eaux, deviennent l'accompagnement obligé de tous ses personnages. Il n'est pas jusqu'à ses portraits qu'il ne place volontiers sur un fond de verdure. Les comédiens eux-mêmes, les scènes de théâtre avec leurs oripeaux se trémoussent chez lui sur des tapis de gazon, devant un rideau de feuillages.

On n'a pas assez vu que Watteau est un de nos grands paysagistes, peut-être le plus grand qu'il y ait en France avec Corot ; lui seul avant Corot a exprimé le vert par ces nuances de gris, ou par ces vagues rousseurs qu'arbore la cime des bois aux approches de septembre. Les saisons et les heures, surtout les heures obliques du matin et du soir, forment un élément essentiel de l'aspect sous lequel il lui plaît de nous montrer les choses. C'était là, si nous en croyons une de ses rares confidences, sa manière particulière de concevoir ses idées et de créer ses sujets. C'est en se promenant à la campagne, en dessinant des paysages, qu'il imagine des églogues et compose des scènes en rapport avec la teinte et la forme des choses ; les gestes, les attitudes s'ordonnent spontanément suivant le rythme secret qui se dégage des masses et de l'architecture du peuple végétal.

Rien n'est malheureusement plus rare dans son œuvre que des études de paysage : cette partie de ses dessins a presque entièrement disparu. Je ne connais plus en ce genre que la sanguine du *Marais*, au British Museum, et une *Vue de Vincennes*, gravée dans les *Figures de différents caractères*. Mais il n'est pas douteux qu'il en avait fait beaucoup d'autres ; il en faisait encore à Nogent, peu de temps avant sa mort, et qu'il avait données à Mme de Julienne. Ces études, il les appelle, d'un mot remarquable, des « pensées ». En effet, le peu d'esquisses de compositions que nous ayons de lui (deux ou trois au Louvre et à l'école des Beaux-Arts) ne présente jamais un groupe isolé de figures, mais une idée de combinaison « symphonique », un essai d'arrangement du thème avec le paysage.

Ce rôle de la nature dans la poétique de Watteau, dans la forme de ses émotions et la conception de ses idées a été trop négligé. C'était pourtant sa seule règle, l'habitude la plus constante de ce promeneur solitaire, et c'est le seul conseil qu'ait reçu de lui Lancret quand celui-ci vint le supplier de le recevoir pour élève. « Il lui dit qu'il ne pouvait que perdre son temps à rester chez un maître ; qu'il fallait porter ses essais plus loin, d'après le maître des maîtres, la nature ; qu'il en avait usé ainsi et qu'il s'en était bien trouvé. *Il lui conseilla d'aller dessiner aux environs de Paris quelques vues de paysages; de dessiner ensuite quelques figures* et d'en former un tableau de son imagination et de son choix (1). »

Tout Watteau est dans cette méthode originale, dans cette façon toute personnelle et, de son temps, presque inconnue, de chercher aux champs l'inspiration, de mêler dans son œuvre les impressions de la nature et le travail de l'imagination. Sans doute, la nature qu'il a peinte n'a rien de la grande sauvage que nous avons appris à aimer depuis Chateaubriand ; c'est celle que pouvait voir le marcheur qui partait en voyage pour les collines les plus proches, mais faut-il enseigner que, des coteaux de Saint-Germain à ceux de Montmorency, des hauteurs de Dammartin aux vallées forestières d'Halatte et de Chantilly, il n'y a rien de plus exquis et de plus noble au monde que le paysage parisien? La ville incomparable serait moins gracieuse, si elle n'avait pour s'y étendre le lit plein d'abandon que lui font les vallées de ses molles rivières. Des forêts de Fontainebleau à celles de Marly, des bois de Villers-Cotterets à ceux d'Ermenonville, faut-il dire ce qu'il y a de poésie secrète dans cette couronne verdoyante que la nature fait à Paris, qui purifie l'air qu'il respire, y répand ses brumes et ses nymphes, et fait avec le ciel mobile de continuels échanges de vapeurs et de sourires? Cette nature modérée, subtile, intelligente est celle qu'ont chantée La Fontaine et Théophile ; elle suffisait encore aux rêveries de Rousseau ; notre école moderne, campée de Giverny à Mantes et de Moret à Auvers-sur-Oise, en préfère le charme à celui des lieux célèbres : c'est ce paysage touchant de l'Ile-de-France et du Valois, c'est sa lumière fine et son ciel argenté que nous trouvons chez Watteau, et on l'aime davantage de les avoir aimés (1).

Par là, ce qu'il y aurait d'un peu sec et cassant, de mondain et d'accidentel dans les modèles qu'il nous présente, s'élargit, se baigne d'horizon, emprunte à l'atmosphère et au décor de la noblesse et du lointain. La femme, dans ce milieu nouveau, se transfigure ; elle marche devant nous comme un divin fragment et la plus précieuse parcelle de l'univers. Les frivolités, les paroles, les bavardages s'éteignent. On n'entend que le soupir des choses et la rêverie des âmes. L'amour et la nature reprennent dans cette œuvre leur merveilleux duo, — ce concert interrompu depuis la mort de cet autre inoubliable jeune homme qui avait enchanté Venise et s'appelait Giorgione.

*_**

Watteau s'est peint un jour dans la société de Crozat, dans le boulingrin de Montmorency. Je ne puis en donner la preuve positive ; aucun document ne l'atteste, mais tout concourt à faire de cette charmante illusion une sorte de certitude.

C'est dans l'admirable tableau de la *Conversation* gravé par Liotard et appartenant aujourd'hui à Mme Henri Heugel. Goncourt, qui ne connaît que la gravure, veut y voir le cercle de Julienne. En effet, le tableau, au moment où il fut gravé, vers 1735, appartenait à celui-ci. Mais il est d'une époque toute voisine de 1712, qui est celle où Watteau s'est lié avec Crozat. Les modes, la robe blanche et bleue, la robe noire et or, — la même que nous trouvons dans l'*Escorte d'équipages*, — l'exécution un peu menue dans sa perfection suprême, tout nous parle d'une heure précoce dans l'existence du peintre. Ajoutons que Julienne avait le même âge que Watteau et qu'il était loin à cette date d'être un gros personnage, ayant des collections et une société.

Sous les ombrages bleus, du bleu des plumes du paon, l'aimable compagnie, assise ou debout, cause ; les robes des femmes font dans le demi-jour des taches claires. De mystérieux visages, masqués de clair-obscur, murmurent des mots galants. A droite, un négrillon met du champagne à rafraîchir. Au milieu de la composition, un jeune homme long et maigriot, d'apparence un peu efflanquée, la tête inclinée sur l'épaule, avec le visage noyé d'ombre que Watteau prête à ses amoureux, invite, d'un geste charmant,

une jeune femme à s'asseoir à terre sur son manteau. Elle est longue, elle est mince, elle écoute
avec distraction ; elle porte une merveille de robe
de tulle et de satin cerise avec un mantelet à
bouillons de guipure, qui la fait ressembler à
quelque oiseau de paradis. Et ce Watteau fluet,
gracieux et caressant, ce Watteau très inattendu
et très reconnaissable dans son geste de déclara-
tion, presque heureux et confiant à cette heure
de sa vie, fait penser aux deux lignes exquises
du portrait de Caylus : « Ce Watteau si sombre, si
atrabilaire, si timide et si caustique partout ailleurs, n'était plus alors que le Watteau de ses
tableaux, c'est-à-dire l'auteur qu'ils font imaginer, agréable, tendre et peut-être un peu
berger. »

*
* *

On voit ce que Watteau doit au séjour chez
Crozat, ce qu'il emprunte aux maîtres, ce qu'il
puise au contraire dans la nature et dans la
vie. On voit comment la société, le paysage,
les exemples et les souvenirs de l'art, se mêlent
dans son âme et dégagent de sa rusticité première le poète des *Fêtes galantes*. Nous avons
une idée du sens où il va désormais orienter son
génie. Il faut aller plus loin, il faut le regarder à
l'œuvre et assister de plus près à la naissance

de ses idées ; avant de continuer à parler de ses tableaux, c'est ici qu'il convient de dire un mot de ses dessins.

Ces dessins de Watteau sont peut-être la partie la plus géniale de son œuvre, celle où il est le plus lui-même et qui lui plaisait le mieux. Ici, dans le cadre du dessin, il n'a plus de supérieurs ; il se retrouve à égalité avec ce qu'il y de plus grand, et on se demande si, dans ce domaine spécial, il y a jamais eu quelqu'un pour approcher de lui. De très bonne heure, les vrais amateurs de Watteau ont voué à ses dessins un culte particulier. Julienne en a fait graver tout un recueil, les deux volumes célèbres des *Figures de différents caractères*. Les curieux les recherchaient et Watteau en mourant les avait partagés, comme le meilleur de son héritage, entre les quatre amis dont il fit ses exécuteurs testamentaires.

Il ne faut pas s'étonner d'un si vif intérêt. Le dessin, c'est toujours ce qu'il y a de plus intime et de plus immédiat dans l'expression d'un peintre ; c'est sa manière d'être spontanée en face de la nature; c'est l'extrait qu'il se fait des choses afin d'en composer les fictions qu'il imagine. On prend là sur le fait ses habitudes d'esprit, le tour de son tempérament, la qualité de ses idées ; on les prend à la source, avant les artifices, les mélanges qu'ils subissent pour entrer dans le tableau. Pour un maître comme Watteau, mort si jeune et avant d'avoir donné sa vraie mesure, ces études, ces matériaux amassés en vue de quelque œuvre future sont peut-être le seul ouvrage qui lui rende justice. A cet égard, le rapport ordinaire se renverse : on a le droit de dire que ce sont ses tableaux qui représentent des « fragments » et que ses dessins au contraire donnent de lui l'idée la plus vaste. C'était la partie de son œuvre pour laquelle il se sentait de l'indulgence et celle qu'il faisait avec le plus de plaisir : il avait coutume de réserver au dessin ses matinées, le meilleur moment de ses journées de précoce valétudinaire. Il y a mis son meilleur « moi ».

Quelques maîtres, un Poussin, un Prud'hon, un Watteau, un Rembrandt, dédaignent de parler haut et d'élever la voix ; inutile pour eux de mobiliser toutes les ressources de la palette. Si belles qu'elles soient, leurs œuvres publiques les trahissent ou ne les représentent qu'avec quelque équivoque ; ce qu'ils ont de plus précieux à dire ne se trouve que dans le secret des œuvres faites pour eux-mêmes. C'est là qu'ils s'épanchent avec délices et se livrent tout entiers au démon intérieur. Ainsi le vrai Beethoven n'est pas le Beethoven des symphonies ; tous les amis du divin maître savent mieux le chemin de son génie, non dans ses grandes pages d'orchestre, mais dans le trio, le quatuor, ou dans l'intimité de la sonate pour piano.

*
* *

Parmi tous les chefs-d'œuvre de maîtres dans ce monde spécial du dessin, le dessin de Watteau se distingue par quelques traits originaux. D'abord, chose très particulière, ce dessin n'est presque jamais une esquisse de composition. Comparés à ces prodigieux griffonnages de Rembrandt, à ces gribouillages à la plume, lavés de bistre ou d'encre de Chine, dont le maître des *Pèlerins d'Emmaüs* sème les marges de son Évangile, les dessins de Watteau ont ceci de singulier qu'ils présentent toujours une *étude*, jamais une *invention* ou une scène complète. Rien de plus rare chez Watteau qu'un ensemble, un groupement, une idée de tableau. La plupart des dessins de maîtres sont des brouillons, des premiers jets, des tâtonnements pour placer leurs études et les arranger en tableaux. Jamais Watteau ne fait ainsi.

Il avait coutume, dit Caylus, de dessiner ses études dans un livre relié, de façon qu'il en avait toujours un grand nombre sous sa main ; il avait des habits plus

galants que comiques (c'est-à-dire plutôt du monde que
du théâtre), il les plaçait sur des hommes et des femmes
selon qu'il les trouvait sous sa main ; il choisissait les
attitudes que la nature lui présentait, en préférant
ordinairement les plus simples aux autres. Quand il
avait envie de faire un tableau, sûr de trouver dans
son livre des choses qu'il avait approuvées, il en formait des groupes, le plus souvent en conséquence
d'un paysage qu'il avait conçu ou préparé. Cette façon
de composer, qui n'est assurément pas à suivre, est la
véritable raison de l'uniformité qu'on peut reprocher
à ses tableaux, indépendamment de ce que, sans s'en
apercevoir, il répétait très souvent la même figure, ou
parce qu'elle lui plaisait ou qu'en cherchant ç'avait été
la première qui s'était présentée à lui.

Je m'expliquerai tout à l'heure sur ce reproche
de Caylus. Je m'en tiens pour le moment au
fait qu'il nous décrit et au petit problème qu'il
soulève. Le voici. En effet, nous tenons Watteau,
comme tous les poètes, pour un délicieux men-
teur ; nous le tenons pour un doreur, un créateur
de fictions, un illusionniste, pour l'aimable im-
presario d'un petit monde de fantaisie, qui a
cherché toute sa vie des subterfuges, un alibi
à la réalité. Mais ce poète n'en demeure pas
moins un Flamand, c'est-à-dire un réaliste con-
vaincu. Vous ne trouveriez pas dans son œuvre
une figure d'imagination. Watteau n'invente
rien. Il regarde. Il dessine. Il passe sa vie dans
une contemplation toute désintéressée, sans rien

se proposer, sans préjuger de rien, notant, étudiant ce qu'il voit, pour le plaisir, comme on respire et comme on aime.

Réaliste! Le mot surprend à cause de nos mauvaises habitudes d'esprit et parce que, pour une certaine école, les choses sont d'autant plus réelles qu'elles sont plus vulgaires et plus laides. L'expression ne veut rien dire pourtant, si elle ne signifie l'attachement à la réalité : en peinture, elle veut dire qu'on ne fait rien de pratique, qu'on ne sait rien par cœur, qu'on ne donne pas un coup de crayon en se passant du modèle. Mais, si l'on veut que le mot s'applique à certains ordres de sujets, on serait étonné de ceux qu'on rencontre chez Watteau. En feuilletant les cartons du Louvre, de l'école des Beaux-Arts, du British Museum, on verrait que Watteau n'a jamais répudié ce qu'on appelle niaisement les sujets réalistes, les modèles « peuple », la crasse pittoresque du ruisseau ; cette canaille fait la joie des *Figures de différents caractères*. C'est en ce sens surtout que les dessins de Watteau représentent un monde plus varié et plus étendu que ses tableaux : types d'ambulants et de petits métiers, « Cris de Paris », le *Rémouleur* du Louvre, le *Montreur de curiosités*, l'hirsute *Marchand de fruits* de l'ancienne collection Schwiter (1) ou le splendide *Pâtre* de Chantilly ou le *Carme* grandiose, le monumental Basile de la collection Fauchier-Magnan.

Comme tous les grands crayonneurs, Watteau s'est créé de bonne heure un métier personnel. Et s'il est relativement aisé de suivre, de tableau en tableau, les variations de sa manière, rien au contraire n'est moins facile que de dater ses dessins, tant ils semblent, dès le début, d'une incompréhensible et subite maîtrise. Ce qu'on peut dire, c'est que Watteau se sert très rarement de la sépia ou de la plume, plus rarement de la mine de plomb, et que son outil préféré, celui qu'il adopta tout de suite — celui qu'il tient en main dans le plus beau de ses portraits, le dessin gravé par Boucher en tête des *Caractères* — est le bâton de sanguine. A ses débuts, il l'emploie pure, d'une pointe très fine, et en se servant dans les ombres d'un travail de hachures qui rappelle les tailles du graveur. Mais bientôt il ajoute la craie et la pierre d'Italie. Avec ces trois crayons, sur un papier luxueux, un hollande légèrement teinté d'un ton de bistre ou de crème, il produit inlassablement ces merveilles de dessins qui, entre tous les autres, apparaissent aussitôt comme des dessins de peintre : plus chauds, plus colorés que le pastel, dessins qui valent des tableaux et qui, à la beauté souveraine du trait, ajoutent l'illusion et le charme de la vie.

Il faudrait s'arrêter encore, étudier les diverses manières de mélanger les crayons, dire la souplesse infinie des intentions et des ressources, depuis les dessins balafrés, charpentés en trois traits, jusqu'aux plus fins modelés obtenus à coups de pouce ou par des caresses d'estompe. Il faudrait dire enfin cette maîtrise inouïe qui débrouille sans erreur le chiffonnage d'une jupe, rend perceptibles sous les mille plis qui le révèlent et le dérobent les plénitudes d'un jeune corps, fait sentir la souplesse du buste dans la gaine du corsage, ce coup de crayon qui d'un seul trait dessine une nuque et une épaule, modèle l'omoplate, en détermine l'attache et la saillie, et enveloppe la forme entière d'une ligne concise, avec justesse et avec gloire.

Comme on comprend devant ces chefs-d'œuvre les agenouillements d'Ingres ! Watteau dessinateur, c'est le grand virtuose entre les virtuoses, c'est l'homme dont on peut dire : « En vérité, quel homme a dessiné comme celui-là ? »

*
* *

J'abrège. Comment donner une idée de ce magasin d'images, de ce répertoire où vous trouvez des paysages, des études de chats, de hiboux, de coquillages, de plantes, des mains, des jambes,

des têtes, des études d'ensemble, des figures
habillées ou nues, et les mille expressions du
corps et des visages?

Ce qu'il y a de plus admirable, c'est le dessin
du mouvement. Voyez ses mains — les mains
de Watteau ! Ce qu'il a fait d'études, d'instan-
tanés de doigts se posant sur les clefs d'une
flûte, grattant les cordes d'une guitare, maniant
un éventail, une tabatière ou un mouchoir !
La pantomime de la marche, du menuet, de la
danse, s'exprime sur la même feuille en cinq, six
croquis successifs, rapides et décisifs comme la
vie elle-même, dans une sténographie donnant
l'impression du cinématographe. Quant aux dessins illustres de la collection d'Ymécourt (1),
connaissez-vous dans l'art entier un maître —
je dis un seul — capable de dessiner à main
levée, sans reprises, en une séance, sur la même
feuille de papier, des séries de huit ou dix têtes,
de face, de profil ou de profil perdu, suivant au
vol les inflexions de la grâce d'un modèle, et
arrivant ainsi à faire concurrence à la vie?

Voilà le réalisme de Watteau. Comme tout
réaliste, le tour de son esprit le porte à tout décom-
poser, à tout résoudre en éléments, à ne plus voir
que des morceaux. Il lui est arrivé cent fois
d'étudier sur la même page deux gestes différents ; il n'a jamais l'idée d'en faire un groupe

ou un ensemble. Jamais non plus il ne lui arrive de modifier une étude et de la corriger pour la faire entrer dans le tableau : elle y entre de plain-pied, telle qu'il la trouve dans ses cahiers et que son étude la lui fournit. Par exemple, sur une feuille du British Museum, il dessine deux études de la même tête de jeune fille, dans deux positions différentes (1) : ces deux études figurent dans le ravissant tableau de la collection Wallace, *Sous un habit de Mezzetin;* les deux femmes du tableau sont la même femme, dédoublée. Même pour un motif de fontaine, l'artiste n'invente pas ; nous avons deux dessins (2) d'après le joli groupe de Sarrazin, les *Enfants à la chèvre,* qui se trouvait alors à Marly : c'est toujours un de ces deux aspects qu'il utilise dans ses tableaux.

Il y a plus. Le regretté Gaston Schéfer a écrit naguère une étude sur les *Portraits dans l'œuvre de Watteau* (3). Je parlerai plus tard de Watteau portraitiste. Il ne s'agit ici que de son œuvre poétique. Schéfer est parvenu à identifier une douzaine de personnages dans les diverses scènes de la comédie ou des fêtes galantes. On y trouve l'acteur Poisson, et le gros Sirois en Mezzetin, et sa fille en habit de Pierrot dans le tableau susdit de la galerie Wallace ; voici Vleughels dans les *Charmes de la vie* et, dans l'*Accord parfait,* la famille Hénin. Tantôt, dans la *Con-*

versation, nous avons reconnu le portrait de Watteau et celui de Crozat ; le négrillon même est un portrait — digne de Rubens ou de Véronèse (1). Il est infiniment probable que Watteau a toujours fait ainsi, et que toutes les figures de son œuvre ne sont que des portraits. Il y faisait entrer bon gré mal gré tous ses amis, depuis l'abbé Haranger, qu'il habille en Cassandre, jusqu'à Mme de Julienne dont il fait une amazone. Avec un peu de patience et de bonheur, on pourrait reconstituer par la même voie tout le cercle des amis de Watteau, tout le personnel de sa comédie, tout le vestiaire de ses personnages et le mobilier de son atelier, depuis le plâtre de Vénus qu'il pose sous la main de *Pater* ou du *Singe sculpteur*, jusqu'à la chaise longue où il aime à étendre la nudité d'un beau modèle (2).

*
* *

Et alors, voici le problème : par quel travail intérieur, de ce point de départ tout positif, s'opère la transformation qui rend possible la poésie? Par quel miracle ces personnages très réels, ces Hénin, ces Sirois, ces Vleughels, ces bourgeois et ces gens du monde, à Paris ou aux environs, observés sur nature, comment tous ces éléments d'une comédie de mœurs deviennent-ils pour Watteau la matière de la *Fête galante?*

Je ne me promets point une explication claire. A un grand maître de ce temps, à un trouveur fameux de gestes et de légendes, je demandais un jour : « Où avez-vous vu cela? » — « Nulle part, me répondit M. Forain. Quand on a vu, on ne peut plus rien. *Mais j'ai vu des équivalences...* », ajouta-t-il avec un petit geste mystérieux de cette main qui sème les chefs-d'œuvre.

Voilà toute la question : Watteau, lui, au contraire, ne peut rien s'il n'a pas vu — et non pas des « équivalences », mais la chose même, la chose textuelle ; et c'est cela, c'est cette vérité absolue, cette absence d'imagination dans une œuvre toute imaginaire et celle qui a le plus les couleurs de la chimère et du rêve, — c'est ce mélange incompréhensible de vérité et de poésie qui fait l'enchantement de Watteau.

Sans doute, le charmant artiste n'a jamais dit son secret. Mais, sans chercher à pénétrer dans ces matières plus loin qu'il n'est permis, est-ce que ses dessins ne forment pas déjà un petit monde à part, qui nous renseigne moins sur la réalité que sur Watteau lui-même? Est-ce que ces études ne représentent pas un choix, un goût, une sensibilité, « des grâces, dit Julienne, *attachées à l'esprit de l'auteur* », et qui les rendent « inimitables »? Certaines attitudes fréquentes,

des siestes, des rêveries de jeunes femmes
assises à terre ou à demi étendues sur un tertre,
attestent chez l'auteur un groupe d'idées préexis-
tantes, un ordre de virtualités intimes, certains
thèmes de prédilection, soit que de préférence
il les demande au modèle, soit qu'il les recon-
naisse d'instinct dans la nature, comme s'ac-
cordant au rythme d'une musique secrète, d'un
chant né dans son cœur à l'orchestre des bois.

Études toutes personnelles : ce ne sont pas,
comme chez le réaliste vulgaire, des fragments
dont l'auteur, à force d'industrie, fabrique une
sorte de mosaïque ; ce sont plutôt des notes,
pareilles aux motifs d'une sonate dont les ca-
dences successives se dictent à mesure, selon
les mouvements de l'âme, à l'esprit du musicien.
Chacune est la figure d'une pensée intérieure.
Elle ne décrit rien du dehors, mais une émotion
du poète, un moment d'amitié, de tendresse, un
sourire, un soupir. On en feuillette le recueil,
non comme un cahier de documents, mais
comme ces carnets où Beethoven inscrivait
ses brouillons de mélodies. Avant de devenir
tableaux, ces dessins singuliers sont déjà des
états de langueur ou de mélancolie.

De là, dans le tableau, une façon inédite de
concevoir et de construire. Sirois nous apprend
que Watteau n'aimait pas les sujets commandés.

Je le crois bien : commande-t-on une œuvre
lyrique? Et Watteau, à le bien prendre, avec son
réalisme si fin, si original en ce siècle pompeux encore et convenu, n'est autre chose qu'un lyrique,
et le seul de cet âge, qui est celui de Fontenelle.
Je crois qu'on ne citerait de lui, en dehors de
ses exercices d'école, qu'un seul tableau d'histoire, qui n'a jamais dû être un de ses bons
tableaux (1). A partir d'un certain moment,
où son génie se dégage de ses premières attaches
et de son terre à terre, sous la forme de la *Fête
galante*, il ne faut plus lui demander que l'histoire de son cœur.

Tout d'abord, une foule de ses œuvres sont
à peine des « compositions » : l'*Indifférente*,
la *Finette* du Louvre, l'*Amante inquiète*, le
Mezzetin de Chantilly, la *Polonaise* de l'Ermitage, pour ne citer que les plus connues,
ne sont que des études peintes, des *Figures
de caractère* habillées de couleurs. Ce qu'on peut
faire avec si peu de chose, avec une silhouette,
une attitude, quelques gouttes de rose et de
bleu céladon, une simple note, mais pure, mais
exquise, il suffit d'être entré un jour au Louvre
pour le savoir : on comprend que de tels bijoux
fussent le trésor d'une favorite et qu'ils aient
décoré la chambre de la Pompadour.

Mais la vérité est que les autres tableaux,

même les plus complexes, sont à peine composés davantage. Il est bien inutile de les grouper par ordre de complication, à mesure qu'ils ont deux ou davantage de figures ; il est même très difficile de les décrire et de dire exactement, sans devenir insipide, en quoi ils diffèrent l'un de l'autre. Comme tous les grands peintres-poètes, Watteau se répète indéfiniment : il est indifférent à la nouveauté des sujets et ne s'occupe que de son sentiment. On est surpris, quand on fait le compte du génie d'un artiste, du petit nombre d'attitudes que les plus grands ont inventées : trois ou quatre, il n'en faut pas plus pour être un Titien. Mais le grand créateur ne se lasse pas de revenir sur la forme qu'il a aimée dans sa jeunesse : sans cesse, il lui consacre plus d'expérience et de génie. Il sait que rien ne vieillit plus vite que la nouveauté : ce qui en passe pas dans l'œuvre d'art, c'est ce qu'un homme y met d'amour.

Je n'entreprends donc pas d'analyser une *fête galante* après une autre *fête galante* et de distinguer ces poésies qui souvent ne diffèrent entre elles que par leur titre : la *Leçon de musique* ou la *Leçon d'amour*, les *Charmes de la vie* ou les *Champs-Elysées*, l'*Assemblée dans un parc* ou l'*Assemblée galante*. Ces titres la plupart du temps n'ont rien à faire avec l'ouvrage ; à peine

si quelques-uns, la *Collation*, la *Promenade*, le *Bal*,
la *Rencontre imprévue*, s'appliquent à quelque
circonstance qu'on puisse désigner comme le
prétexte du tableau. Il faut une grande habitude de l'œuvre gravée de Watteau pour que ces
titres un peu fades évoquent à l'esprit des
images distinctes. Je suis persuadé que la plupart sont dus à l'ingéniosité du marchand
d'estampes, désireux d'écouler ses produits et
sachant les effets d'un heureux nom de baptême.

Watteau ne cherche pas si loin. Il écrira, sans
plus : « Reçu de Mgr le duc d'Orléans 260 livres
pour *un petit tableau qui représente un jardin
avec huit figures* », ou encore, sans vouloir préciser davantage, « un paysage avec figures dans
le goût de Giorgione » (1). C'est tout. Excepté
pour quelques tableaux, comme le *Départ pour
Cythère*, il devait se reposer sur le graveur du
soin de baptiser ses ouvrages (2). En fait, il
n'y a aucune raison pour que l'*Ile heureuse* ne
s'appelle pas l'*Assemblée dans un parc*, dont elle
ne diffère que par quelques détails ; pour que
la *Leçon de musique* ne troque pas son nom avec
les *Charmes de la vie* ou avec le *Concert*. Toutes
ces dénominations n'offrent aucun rapport avec
l'œuvre de l'artiste. Watteau module un thème,
il présente un aspect de son monde intérieur. C'est

là tout son génie. Il nous dit simplement : « J'ai aimé, j'ai vécu. Tel jour, à telle heure, par telle disposition de l'atmosphère et de mon âme, voici ce que j'ai senti ; tel était l'état de mon cœur. »

Chose toute nouvelle, de son temps peu comprise. Caylus reproche à Watteau de ne pas composer ; il l'accuse de ne pas savoir représenter l'action ; et quant aux passions, jamais Watteau, dit-il, ne s'est risqué à les exprimer.

On a fait un crime à Caylus de son inintelligence : elle est commune à tout son temps. Ce petit malentendu est infiniment naturel quand on songe à ce qu'était la peinture pour un Poussin ou un Le Brun. Ces rationalistes avaient fait un effort de construction admirable pour réduire le goût en règles et pour trouver les fondements de la beauté. Il faut relire les *Conférences de l'Académie royale*, — ce qu'il y a d'ailleurs de plus solide en critique d'art, — il faut relire le *Traité des passions* de Le Brun, où il décrit les effets mécaniques de la peur, de l'étonnement, de l'admiration, du dégoût et détermine les lois du pathétique en art d'après la physiologie cartésienne des esprits animaux (1). Cela nous fait sourire, car rien ne se démode comme une vérité scientifique. Il faut admirer au contraire ce sérieux, cette probité résolue à n'admettre que des idées claires. Les classiques savaient bien qu'il y a dans l'art un don du ciel. Mais il s'agissait de fonder une méthode et un enseignement. Rappelez-vous la lettre de Poussin sur son tableau de la *Manne*, lettre tant admirée de Millet : « Poussin ne nous dit pas : Voyez comme je suis habile, mais : Voyez-vous ceux qui ont faim, ceux qui ont pitié, ceux qui font action de grâces, ceux qui font acte de charité? Il ne demande pas : Est-ce beau? il demande : Est-ce vrai? »

Pour des gens élevés à cette forte école, il ne peut rien exister en dehors de la raison. C'est le mot de Poussin : « Du jugement partout ! » Judicieux, la grande louange, dans la bouche des classiques, pour les œuvres parfaites ! Faisons d'ailleurs exception pour Poussin, chez lequel, à côté du grand sermonnaire et du grand orateur de la *Mort d'Epaminondas* et des *Sept Sacrements*, il y a l'auteur des *Bacchanales* et du *Triomphe de Flore*, c'est-à-dire un des plus sensuels et l'un des plus divins entre les inspirés qui ont cueilli le rameau d'or. Mais il faut bien avouer que l'abus du sujet et de l'expression conduit aisément, comme il arrive au dix-huitième siècle, à la gesticulation théâtrale, à l'effet de mélodrame, à la chromo moralisante (ou à l'imagerie polissonne) de Greuze ou de Baudoin, de Lavreince ou de Fragonard.

L'absence de sujet, d'anecdote, l'absence de tout ce qui, dans l'œuvre d'art, s'extrait ou se raconte, voilà ce qui, chez Watteau, déroute et scandalise Caylus. Il n'arrive pas à s'expliquer ces peintures sans prétexte et sans intention, sans autre raison d'être qu'une disposition momentanée de l'âme ; il demande une intrigue et un scénario à ce qui n'est qu'un groupement de motifs pittoresques, répondant à une manière d'être profonde ou passagère du cœur. Il exige un ordre raisonnable de ce qui n'est qu'émotion et que pur sentiment.

C'est pourquoi il accuse de monotonie et de répétitions ces poèmes variés comme les teintes du jour ; il ne saisit pas l'ordre secret et tout irrationnel qui agence entre elles ces figures flottantes et indécises, assemble ou disperse les groupes suivant un rythme tout intérieur, module un mouvement qui se prolonge et s'alanguit en attitudes couchées comme les ondes mourantes d'un frisson sur un lac, équilibre les groupes par le paysage, compose comme font la nature et les songes, et laisse souvent autour d'une silhouette de femme un grand vide, un muet espace, un silence rempli par du ciel et des rêves.

Monotone, Watteau ! Considérez l'harmonie de perle des *Deux Cousines* (à Mme la comtesse de Béhague), cette fin de jour virginale où la blanche ingénue, dont on ne devine pas les traits, semblable à un beau lis dont nul n'a respiré le parfum, ou à un jet d'eau pure qui exhale dans le crépuscule son aigrette de cristal, détache sa tête blonde sur des nuées du gris de l'aile de la colombe, forme exquise et sans trouble, répandant autour d'elle un émoi et une tendresse qu'elle ignore. Voyez au Louvre le sourd crépuscule orangé de l'*Assemblée dans un parc*, et cette mélancolie confuse qui envahit les choses vers le soir d'un beau jour saturé d'un excès de bonheur, à l'heure où les bois prennent une profondeur d'alcôve, où l'on sent le regret de la lumière qui agonise, où les paroles cessent, et où la pudeur qui s'alarme redoute le désir qui se lève avec les ombres.

On ne peut tout citer. Rappelez-vous pourtant les pendants de Potsdam, la *Leçon d'amour* et l'*Amour paisible*. Admirable diptyque ! Rien de moins passionné que le premier de ces tableaux. Au pied d'un cippe où se penche la statue enfantine d'une nymphe espiègle, trois jeunes filles sont occupées à faire des bouquets. Survient un étranger, ce musicien nomade qui traverse si souvent la scène de Watteau et qu'il appelle

l' « enchanteur » : il jette à l'une des jeunes
filles un cahier de musique, et prélude sur sa
mandoline, tandis qu'un cavalier, penché sur
l'épaule de la belle, l'aide à déchiffrer la chanson. Tout, autour de ce groupe, respire la
fraîcheur d'un matin de septembre. Les bois se
teintent de cet or pâle qui colore les feuillages
aux premiers frissons de l'automne. Les lointains étincellent comme un écrin de pierreries.
Tout s'irise et se nacre des nuances de l'opale :
rien que des tons froids, jaune safran, citron
vert, bleu de ciel, gris tourterelle, lilas, violet.
Pas un rouge. Tout l'enchantement de cette
scène se résume dans la blancheur du couple de
roses de septembre, qui glissent des genoux d'une
des adolescentes et s'effeuillent aux pieds du
chanteur.

Combien autre est la scène suivante ! C'est
six heures du soir, en été. La journée accablante
vient de finir par une averse. Les verdures
mouillées redoublent de violence et d'aromes.
La campagne ressemble à une vaste émeraude,
Le ciel s'éclaircit, des vapeurs traînent sur la
vallée. A travers la buée tiède, une rivière jette
sa lueur. Toute la nature semble amoureuse ;
elle exhale de tout son corps une espèce de moiteur chaude et cette langueur qui suit l'orage.
Des pâtres, comme des moineaux pépient après

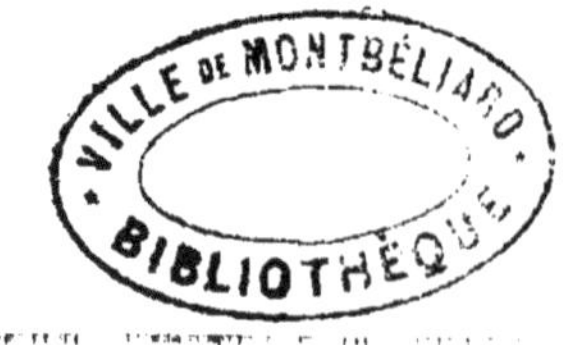

la pluie, entament un concert. Tout conseille le
moment propice et l'heure du berger, et le
tendre abandon à l'amour. Il y a dans l'atmosphère quelque chose de désarmé. Deux galants
embrassent leurs maîtresses et les conduisent
au fond des bois. Qu'elle résiste faiblement, la
brune au rang de perles noué sur la nuque d'un
nœud noir ! Son ami la prend par la taille, elle
se laisse cueillir comme une fleur. Qu'elle est
gracieuse, la blonde en taffetas corail, qui
s'éloigne au bras de son amant, en coulant à
son amie un fin regard d'invitation ! Quel
accompagnement forme à cette pastorale la
profondeur de cette campagne émue des restes
de l'orage et la torpeur de ce paysage noyé de
volupté (1) !

Sans doute, ces élégies ne ressemblent plus
à rien de ce qui s'était jamais fait en peinture.
Elles n'ont plus la valeur précise d'une scène
de mœurs, ni celle d'un tableau de genre, moins
encore d'une page d'histoire. Elles n'offrent plus
guère aucune espèce de contenu formulable en
paroles et qu'on puisse désigner d'un nom. Et
de quel nom nommer ces visions de la jeunesse
et ces songeries d'un solitaire qui se raconte ses
rêves et se peint à lui-même les mirages de
l'amour? C'est pourquoi ces petites chansons
de la tendresse et du désir sont éternelles comme

le désir et comme la tendresse. Elles émeuvent comme des confidences et comme des aveux. L'artiste s'y est mis tout entier : c'est le sujet de toute sa peinture. Seule réalité qui survive dans l'art et qui, au bout du compte, nous touche dans les chefs-d'œuvre ! Ainsi ce jeune homme divin, dans ses petits tableaux ingénus, a trouvé le moyen de moins vieillir que les maîtres ambitieux qu'on lui opposait de son temps. Les costumes, ce qu'il pouvait tenir du siècle, est devenu presque intemporel à deux siècles d'intervalle : ce n'est plus que le costume d'un pays de fantaisie. Watteau ne semble plus d'un âge plutôt que d'un autre : il n'a que l'âge de l'amour.

Tout cela était trop nouveau pour ne pas déconcerter. On ignorait alors une foule de choses que nous avons apprises. On confondait encore l'émotion et le drame, l'éloquence et la poésie. On continuait par habitude à croire à la supériorité des idées, et l'on n'osait s'avouer que Watteau avait raison de s'en passer pour se contenter de plaire. On lui faisait un reproche de son uniformité. Mais pour nous, qui savons ce que c'est qu'un motif pittoresque, et ce que c'est surtout qu'une composition colorée, — ce que, depuis Whistler, nous appelons une « harmonie »; quel est sur notre sensibilité le mystérieux appel d'un timbre ou d'un accord, quel est le pouvoir d'un ton, d'une gamme, d'un arpège qui s'égrène vaguement dans le soir, — ah! nous ne trouvons plus de redites dans Watteau!

Fêtes galantes! Poèmes charmants! Nulle action. Ce sont des réunions de doux jaseurs qui ne font rien. Et qui peut dire ce que font dans leurs Paradis d'or les bienheureux d'Angelico? Qui peut dire à quoi pensent, autour de leurs Madones, les personnages des *Saintes Conversations* de Bellini? Qui peut raconter ce qui occupe les *Philosophes* de Giorgione ou la famille de l'*Orage* du palais Giovanelli? Et pourtant, ce sont là les *Méditations*, les *Contemplations* de la peinture. Avouons-le : le drame, le geste, l'expression ne sont que des objets secondaires en art. On ne les obtient le plus souvent qu'aux dépens de la beauté. La beauté ne veut rien dire. Elle est belle : cela suffit. Lui ajouter un sens, c'est presque toujours la profaner. De là vient que les très belles choses se présentent souvent avec un air d'énigmes, et c'est ce qui en fait l'inexplicable magie. Elles échappent à la raison pour entrer dans le domaine de la musique.

Pourquoi est-il presque impossible de parler de Watteau sans recourir tout le temps au vo-

cabulaire musical? Lui-même nous y invite.
Aucune œuvre en peinture n'offre autant de
rapports avec l'art émotif, l'art de la mélodie,
des rythmes, des accords. Presque tous ses personnages sont des danseurs ou des enfants de
la musique. Ils tiennent un cahier de chansons
ou touchent quelque instrument. Il y a tout un
orchestre épars sous les ombrages de Watteau.
Le charmant Wyzewa avait coutume de diviser
les artistes en deux races : d'un côté les poètes,
et de l'autre, — les autres qui, avec tout le
talent et tous les mérites du monde, ne sont
jamais que des êtres sans ailes et voués à la
prose. Les premiers sont les amoureux de la
beauté. Je les appelle les musiciens de la peinture. Watteau est l'un des plus exquis. On se
plaint dans son œuvre de l'absence de sujet, —
et quel est le sujet plus éternel que l'amour?
On dit que ses héros ne font rien, — et ils font
ce par quoi dure cet univers. Et si l'on ajoute
qu'ils ne parlent pas et qu'ils n'expriment rien,
ou qu'on ne comprend pas ces « romances sans
paroles », — c'est qu'on n'entend pas la musique.

Mais il ne faudrait pas croire que ces vagues
et légers poèmes se fissent tout seuls et sans que

l'artiste y mît du sien. Ces répétitions qu'on lui reproche viennent en partie de son désir de la perfection ; elles supposent un long souci et des nuits sans sommeil. De ce tourment, de cette inquiétude, nous avons un exemple qu'il faut rapporter tout au long : c'est l'histoire de la merveille, — de l'*Embarquement pour Cythère*.

On sait que ce tableau illustre est ce qu'on appelle en propres termes le chef-d'œuvre de l'artiste. La vieille Académie royale avait conservé des anciennes corporations cette coutume que, pour y être admis, il fallait présenter un « morceau de réception », ce que les artisans appelaient le « chef-d'œuvre » : alors, on était « passé maître ». L'*Embarquement*, ou plus exactement le *Départ pour Cythère*, est le morceau de réception de Watteau, et c'est pour cela qu'il se trouve au Louvre avec les collections de l'Académie royale.

On sait aussi que, selon le règlement de l'Académie, « l'agréé » s'engageait à remettre son morceau de réception dans un délai prévu. Il devait en soumettre une esquisse à la Compagnie qui, la plupart du temps, en avait donné le sujet ; on fit à Watteau le rare honneur de le laisser maître de son choix. Son esquisse approuvée, le candidat montait en loge où il devait produire son ouvrage dans des conditions déter-

minées. L'Académie désignait deux membres
pour surveiller l'exécution et prévenir toute
tricherie.

On sait enfin que Watteau, agréé en 1712,
attendit cinq années pour se faire recevoir.
Rappelé à l'ordre, il laissait faire et ne daignait
répondre. Nonchalance? Fierté? Goût de l'indé-
pendance? Ennui de se soumettre à un règlement formaliste? On ne sait pas. Le r^{er} janvier 1717, la Compagnie se fâche et donne au
négligent artiste un délai d'un mois, le dernier,
afin de s'exécuter. C'est seulement le 30 juillet
qu'il se décidait enfin à présenter son tableau,
événement solennel et certainement attendu,
car tout ce qu'il y avait d'important dans les
arts, Largillière, Rigaud, Coypel, Coysevox,
Coustou, les deux Audran, y était au grand
complet, en présence du Régent qui assistait
à la séance.

Quelle était la raison de ce long ajournement?
Pourquoi tant de temps perdu? Nous le savons
aujourd'hui : c'est que Watteau n'était pas
prêt.

On croyait connaître toute l'histoire de cet
ouvrage, une des gloires de la peinture française ; on croyait la connaître par la suite des
dessins ; nous savions que Watteau, après le
tableau du Louvre, avait peint pour Julienne

un second exemplaire, celui qui a été gravé,
plus développé, plus complet, plus rayonnant
encore, plus nacré et plus chatoyant, plus bril-
lant et plus en dehors, enrichi de groupes nouveaux, de statues et de trophées empruntés à
Rubens, peut-être moins touchant et moins
beau, et qui se trouve à Berlin dans les anciennes
collections impériales... Quelques personnes
croient en outre posséder des esquisses plus ou
moins avancées pour le tableau du Louvre. J'en
connais au moins trois, dont l'une est à Paris
chez M. Thévenin, et une deuxième à Londres
chez M. le professeur Brown. Je ne puis entrer
dans le détail d'une discussion sur ce sujet.

Je ne décrirai pas non plus, après Gautier,
après Goncourt, le tableau archi-célèbre que
tout le monde sait par cœur et possède dans sa
mémoire. Dans une page charmante de ses
Entretiens, Rodin — qui neigeait parfois sur
son art des paroles dorées et des discours suaves
comme ceux de Platon — fait une description
dialoguée, ingénieuse comme tout ce qu'il disait,
et qui vaut toute la rhétorique des purs litté-
rateurs. Son idée est que l'art plastique est
capable de représenter non seulement le mou-

vement, mais le mouvement continu. Avec une finesse ravissante, il analyse alors les trois groupes du premier plan de l'*Embarquement pour Cythère* : le jeune homme à genoux qui supplie la belle qui hésite, — celui qui, à côté, prend les mains d'une amie déjà moins cruelle et l'aide à se relever, — le troisième enfin, plus à gauche, qui embrasse sa compagne par la taille et l'emmène avec lui, consentante et heureuse. Dans ce triple épisode se décompose un petit roman. Le tableau se lit comme les chapitres d'un conte qui commence par la droite et va finir à gauche, et que relie comme un fil la plus mélodieuse arabesque qu'un peintre ait inventée.

Tout ceci est plastiquement vrai, mais ce n'est pas toute la vérité. Un artiste a mieux à faire que d'être un érudit. Rodin ne connaissait pas un état antérieur du chef-d'œuvre, un petit tableau candide et exquis de la prime jeunesse du maître, qui se trouve dans la collection de Mme Henri Heugel et qui s'appelle l'*Ile de Cythère*. Il y aurait reconnu, dans un ordre enfantin, tous les éléments du *Départ* ou de l'*Embarquement* : le lac, l'embarcadère, l'essaim d'amours, les trois jeunes femmes, mais alignées un peu sottement comme sur la scène d'un théâtre pour le défilé final — et jusqu'au profil des montagnes lointaines, mais peintes, semble-t-il,

à plat, comme sur une toile de fond qu'une
intersection nette sépare du plateau. La barque
arrive par la gauche, comme dans l'*Embarquement*, une barque un peu ridicule avec une drôle
de proue relevée en gondole, et une sorte de
felze cramoisi drapé en ciel de lit selon l'éti-
quette de la gondole royale sur le grand canal
de Versailles ; cette pompeuse machine semble
s'avancer, comme à la scène, sur des roulettes
ou sur des rails. Un bouquet d'arbres assez
maigre forme déjà coulisse à droite, et au fond
du théâtre, au pied de la chaîne de montagnes,
est peint un degré de marbre orné d'une balustrade, que la toile qui figure la surface du lac
oublie de réfléchir. Le tableau est du reste
extrêmement joli, plein de fines valeurs grises
dans un ciel délicat ; et les petits personnages
futés, les costumes de bergerie absurdes et pim-
pants, les grâces maniérées, les attitudes face
au public, les alignements un peu gauches, la
perspective un peu naïve, composent un ensemble imprévu et tout à fait piquant. Le tout
a l'air vraiment d'une scène de comédie — et
même d'une scène aperçue comme par un très
jeune homme, non du parterre ou des loges,
mais de tout en haut, du paradis.

En effet, c'était bien une scène de théâtre.
Nous en avons la preuve : il y a dans les *Figures*

françaises et comiques, un petit portrait d'actrice dessiné par Watteau d'un dessin très grêle et timide et qui sent ses vingt ans, et sous lequel on lit : *Mlle Desmares jouant le rôle de la Pèlerine*. Cette même figure se retrouve dans l'*Ile de Cythère* : c'est celle qu'on voit de dos à gauche, au premier plan. Fourcaud a fait le premier ce rapprochement. C'était la clef de l'histoire.

Il y avait alors une comédienne charmante, une de ces enchanteresses qui sont l'idole de Paris. Elle s'appelait Charlotte Desmares. C'était la nièce de la Champmeslé. Elle était née à Copenhague et avait eu pour parrain le roi de Danemark. Cette princesse de comédie, à l'âge de huit ans, était venue se faire adorer à Paris. Ce qu'elle avait d'unique, c'était son rire, un fou rire, un rire d'une gaieté qui était un délice. Elle riait ses rôles d'un bout à l'autre. Elle avait des dents de perle et des lèvres admirables. Les sages protestaient, mais le parterre applaudissait. Watteau applaudit comme les autres cette adorable mutinerie.

Il ne restait qu'à trouver le pourquoi de la *Pèlerine*.

La chose n'était pas malaisée : c'était le rôle fameux de la Desmares, le rôle de Colette des *Trois Cousines*, le grand succès de Dancourt, et qui fit fureur en 1702, l'année même où Watteau arrivait à Paris. Il est probable que c'est une des premières pièces qu'il a vues. Elle est fort agréable et mêlée de chansons et d'entrées de ballet. Il est bien inutile de savoir pourquoi, la meunière n'ayant en tête que de se remarier, et refusant pour cette raison de marier ses deux filles, celles-ci, ainsi que Colette, leur cousine, se décident à fuir avec leurs amoureux et à faire avec tout le village un pèlerinage à Cythère. Au dernier acte, toute la jeunesse entre en scène déguisée en pèlerins (notez que les pèlerinages étaient de temps immémorial dans les coutumes populaires et qu'ils forment un ressort essentiel du théâtre depuis Térence), et tout le monde chante l'intermède suivant, avant de partir en voyage pour le temple de l'Amour :

MLLE HORTENSE, pèlerine.

Venez dans l'île de Cythère
En pèlerinage avec nous;
Jeune fille n'en revient guère
Ou sans amant ou sans époux;
Et l'on y fait sa grande affaire
Des amusements les plus doux.

M. TOUVENELLE

Pour s'engager dans le voyage,
Il ne faut point tant de façon;
Je ne veux pour tout équipage
Que mon amour et mon bourdon.

Et, pour avoir soin du ménage,
Marotte, Colette ou Louison.

MLLE HORTENSE

Nous irions ensemble à la Chine,
Sans avoir écu ni denier;
Jeune et gentille pèlerine
Porte toujours de quoi payer;
L'amour prend soin de la cuisine,
Et Bacchus est le sommelier.

Voilà toute l'histoire du *Départ pour Cythère.* Un intermède de comédie vu par un garçon de vingt ans ; une silhouette d'actrice dessinée de mémoire au sortir du théâtre, le soir dans sa soupente, par un amoureux maladroit (amoureux, comme on l'est d'une étoile à cet âge, de très loin et sans trop se prendre au sérieux) ; plus tard, un essai de peinture, mais timide, puéril, terre à terre, non encore transformé, ne s'écartant pas des faits et du tableau vivant — c'est le tableau de Mme Heugel, qui doit remonter peut-être aux vingt-deux ou aux vingt-trois ans de Watteau. L'artiste se dépite, se rebute de son ouvrage. Il comprend cependant la richesse de sa matière et quel trésor il a dans le cœur. Une mélodie informulée s'élève de son âme. Il vit, il rêve, il songe. Il reprend son travail. Tout à coup, une lueur : entre ces trois silhouettes indistinctes, Colette, Marotte et

Louison, il imagine des nuances, une progression
de sentiments. Il invente ce thème de l'éveil de
l'amour, depuis le balbutiement de l'aveu jusqu'à l'acquiescement, et depuis la prière jusqu'au triomphe du bonheur. Il accumule les
études. Il se souvient de Rubens et du *Jardin
d'amour*, de Titien, de Giorgione, et aussi d'un
autre embarquement, de la navigation de Polia
et de son amant dans le roman du vieux moine
d'Udine, le *Songe de Poliphile* — ce livre incomparable et chéri des artistes, et que traversent
les souffles voluptueux de la Renaissance.

Alors se place une nouvelle étape. L'idée est
devenue lyrique. Et c'est le petit tableau intitulé le *Bon Voyage*, une perle qui appartient à
l'illustre statuaire Alfred Boucher ; on y voit,
au pied d'un rocher, le groupe de la jeune femme
qui doute et du pèlerin suppliant, et puis, sans
transition, dans un flamboiement d'or, une
joaillerie d'apothéose, la galère où déjà monte
le peuple heureux (1). La métamorphose s'opère :
du domaine de la prose et de l'imitation, la
pensée change de mode, passe sur le plan de
la poésie. Il ne reste qu'à trouver la ligne qui
doit réunir, marier les couples épars : alors, du
fond de la mémoire du poète, remonte la phrase
divine que nous voyions s'ébaucher dans le
Départ de troupes, et dans une lumière apaisée,

comme les strophes d'un chant, jaillit le chef-
d'œuvre immortel.

Ainsi la radieuse vision, qui semble née un jour
de bonheur par la grâce du ciel, est une de ces
pensées profondes qui résument une vie. Comment une idée assez plate, un vaudeville de
Dancourt dont la scène se passe à Chaillot,
comment ce voyage sur la Seine par le coche
d'eau ou la patache, sont-ils devenus le doux
symbole qui demeure à jamais dans la mémoire
des hommes? C'est une de ces idées qui ont été
mûries quinze ans. Une impression de jeunesse,
une comédienne aimable, un joli rire, cent essais
manqués pour exprimer une émotion; souf-
frances, désirs secrets, tendresses refoulées, rêves
d'amour, angoisses de malade; souvenirs des
délices des jardins de Crozat; murmures des
bois, images des maîtres qui viennent se cris-
talliser autour du thème primitif pour l'orches-
trer et l'enrichir : de combien de choses est faite
cette idéale *Fête galante*?

Cythère ! Poésie des Iles, des Iles désirées où
Bernardin de Saint-Pierre placera son idylle,
et d'où nous viendra Joséphine... Cythère !
Départ d'un siècle qui sera le siècle des plaisirs,
le siècle incomparable de la douceur de vivre;
embarquement d'un monde pour toutes les délices, pour une félicité dont Watteau ne sera

pas : le cortège qui s'ébranle ne finira qu'à Trianon. Ainsi cette œuvre tout intime est en même temps historique. Et elle contient encore une part d'éternel, la jeune illusion qui fait battre les cœurs par l'attrait de la volupté. Ces pèlerins, ces pèlerines qui se lèvent et s'en vont à la file en souriant, ce sont les générations qui recommencent tour à tour le même rêve immortel et partent, avec les mêmes promesses et les mêmes mots tendres, pour le même bonheur. Et Watteau, de la rive où ce jeune malade va mourir, regarde s'éloigner les gentils voyageurs pour le voyage, le beau voyage où l'on n'arrive pas.

CHAPITRE III

Les quelques dates que nous avons sur la vie
de Watteau et qui permettent de situer quelques-
uns de ses ouvrages, appartiennent presque
toutes à la fin de cette vie. Les rares lueurs qui
éclairent cette brève existence se concentrent
par hasard sur ses dernières années. Cela ne
veut pas dire que toute l'œuvre de Watteau
s'accumule dans ce temps si court, mais que,
pour en parler, je cherche à partir de points de
repère sûrs et de dates connues.

J'embrasserai dans ce chapitre des œuvres
fort différentes : les scènes de la comédie, les
portraits, l'œuvre décorative et les figures nues.
Gardons-nous de voir là des divisions trop tranchées. Watteau se rit de nos définitions. Il est
la « chose légère » dont parle le poète. Et il n'a
jamais fait, sous des formes diverses, que l'histoire de son âme.

***

Le premier de ces faits, dont je me sers pour accrocher une série d'ouvrages, est le suivant : c'est le 8 mai 1716 que les comédiens italiens reparaissent, après vingt ans d'exil, sur la scène parisienne, et viennent ranimer les planches du vieux théâtre de la rue Mauconseil. Tout le monde sait que cette troupe de l'hôtel de Bourgogne, la rivale de Molière, avait été expulsée de France par Louis XIV, à cause d'une comédie intitulée *la Fausse Prude*, que le parti dévot jugea injurieuse pour Mme de Maintenon. Dans un tableau perdu (gravé par L. Jacob), Watteau avait peint ce départ, qui se passait d'ailleurs cinq ou six ans avant qu'il ne vînt à Paris, et ce tableau, qui n'est nullement une protestation contre l'arbitraire de l'ancien régime, n'avait été pour lui que l'occasion de grouper dans le décor d'une rue, comme sur une scène d'atellane, la troupe gesticulante et bariolée de ces bouffons.

Il suit de là que, lorsqu'il a commencé à les peindre, Watteau ne les avait jamais vus, et cette observation n'est pas sans importance pour sa manière de concevoir les effets qu'il en a tirés.

Mais sans les avoir vus, il les connaissait tout de même ; il les connaissait par Gillot, dont j'ai dit le goût pour le théâtre et pour les spectacles de la foire. De plus, à défaut des originaux, il ne laissait pas d'avoir sous les yeux une foule de copies. Ces contrefaçons défrayaient les scènes des deux foires, qui faisaient une concurrence redoutable à la troupe officielle des comédiens du roi, installée en face du Procope, dans la rue actuelle de l'Ancienne Comédie. C'est dans ces théâtres « à côté » que se jouaient les« jeunes », Lesage et Marivaux ; c'est là qu'étaient en train de naître ces pièces à ariettes, d'où devait sortir le genre de Philidor et de Monsigny. La Foire, avec les troupes fameuses d'Allard et de Bertrand, de Dominique, d'Octave, était ce qu'il y avait de plus vivant dans le théâtre d'alors. C'est ce que chantait Dominique dans un couplet narquois, toujours d'actualité :

> *A l'hôtel de la Comédie*
> *On voit sécher sur pied Thalie.*
> *Pour éviter un triste sort*
> *Elle veut devenir foraine.*
> *La troupe italienne*
> *N'a pas tort.*

N'oublions pas qu'au Luxembourg Watteau était le voisin de ce carrefour de Bucy et de cette rue Neuve-des-Fossés-Saint-Germain où se tenaient les scènes rivales. Nous l'avons vu tout jeune, obscur rapin perché dans les hauteurs du

poulailler, applaudir le rire de la Desmares. Et,
sans aller si loin, nous savons qu'il trouvait dans
les cartons de Gillot une mine toute prête à
exploiter.

*
* *

Le fait est qu'en 1712 (qu'on me passe ce
retour en arrière), lorsque Watteau se présente
à l' « agrément » de l'Académie, c'est avec une
arlequinade. Et d'autres tableaux de la même
époque, ou plus anciens encore (j'en énumère
plusieurs dans le premier chapitre), dénoncent
une flagrante imitation de Gillot. On a même vu,
par le tableau de Nantes ou par les *Fêtes de Pan*,
jusqu'où Watteau poussait parfois l'effronterie
de l'imitation.

Mais le génie de Watteau, simplificateur par
essence, ne pouvait demeurer esclave d'une
donnée toute faite et d'une idée d'autrui. Au
théâtre comme à la nature, il ne demande qu'un
ébranlement de l'imagination, un prétexte, un
point de départ. Rien de plus rare chez lui qu'une
scène précise, ayant le sens d'une vignette ou
d'une illustration. Avec quelle liberté il traite
un thème de Dancourt, pour en faire l'*Embarquement!* Qui peut dire si, dans le *Colin-Maillard*
ou le *Galant Jardinier*, il n'y a pas encore
quelque souvenir du même auteur? Si les *Fêtes*

vénitiennes d'Edimbourg ne sont pas une réminiscence de l'opéra de Campra? Où est le point
d'attache avec la réalité? Watteau ne peint
jamais comme Pater des scènes de *Pourceaugnac;* il ne fait pas comme Lancret le portrait
de la Camargo, ni comme Fragonard celui de
la Guimard. Les portraits qu'on lui prête au
musée de la Comédie-Française sont apocryphes.
Il n'a fait en ce genre que deux ou trois dessins, et trois eaux-fortes de jeunesse : celle de la
Desmares dont j'ai déjà parlé, et les silhouettes
des comédiens Poisson et Dumirail. Peut-être
faut-il ajouter, sur la fin de sa vie, le portrait
de jeune fille gravé par Liotard, et qu'un jeu de
mots a fait prendre pour le portrait de la Rosalba ; j'inclinerais à y voir les traits de cette
Rose-Marie Baletti, qui jouait dans Marivaux
les rôles de Sylvia. Et ce serait une des rares
choses de son œuvre qu'il ait dues aux Italiens.

Il serait absurde de se figurer Watteau habitué des coulisses, assistant familièrement à la
toilette des comédiennes, et brûlant en secret
pour une étoile ou une figurante. Il a dû assez
peu hanter le petit monde comique. Rois et
reines de théâtre, intrigues des soubrettes, ran-
cunes des premiers sujets, laissent Watteau fort
indifférent. Au théâtre, il n'emprunte guère
que des thèmes généraux, moins des faits ou des

situations que des images très simples, un personnel et un vestiaire, presque jamais le décor. Caylus nous le dit : il avait chez lui un assortiment de costumes de théâtre, qu'il faisait endosser aux amis de bonne volonté. C'était sa troupe, que nous connaissons : Sirois, Vleughels, etc. Du répertoire du théâtre, il ne retient qu'une défroque et quelques rôles éternels, l'amoureux, l'ingénue, la coquette, le pédant, le jaloux, éléments invariables de la comédie humaine. Le vieux chariot de Thespis, avec sa friperie, ses masques, ses grelots, devient un char de fées où Watteau fait monter ses rêves et ses illusions.

Voici les Italiens, et voici les Français : ceux-ci spirituels, minaudiers, bien appris, et leur Apollon petit-maître en bottes galantes et en panache, trinquant avec un gros poussah de Bacchus réjoui et couronné de pampres, tandis qu'une fine mouche d'Agnès ou d'Isabelle, en écartant ses jupes entre ses doigts mignards, esquisse la révérence d'un menuet ; — ceux-là, gesticulants, fredonnants, bourdonnants, avec des ronronnements funambulesques de mandolines, Covielle et Scaramouche, Arlequin et sa mosaïque, Mezzetin, Brighella, Tartaglia et Colombine, avec leurs torches, leur tapage, leurs masques de carton hérités de la farce antique,

dans la turbulence nocturne de quelque imbro-
glio. Et, comme dit Arlequin : *Tutto il mondo
è fatto come la nostra famiglia;* nous avons tous
notre portrait dans cette troupe bariolée. C'est
la vie affranchie des conditions sociales, réduite
à ses traits essentiels et à ses types généraux.
Ainsi le théâtre pour Watteau devient un répertoire inépuisable. Parfois, dans les *Comédiens
italiens* (collection Groult), il présente tous les
rôles à la fois, comme dans une sorte de parade
à la porte du théâtre, avant le lever du rideau (1).
Ailleurs, dans le tableau de Potsdam, les *Comédiens français*, il raille la pompe tragique et l'an-
tiquité en perruque : et quel délicieux tableau !

Mais le plus souvent, il écarte les planches et
les coulisses et tout son petit monde prend avec
lui la clef des champs. Dans un de ses tableaux
(perdus), il nous montre ce joli sujet : la *Troup
italienne en vacances.* Dans une prairie, au bord
d'un bois, il met le peuple comique au vert.
C'est le théâtre en liberté. Aux chandelles il
préfère le soleil, aux toiles peintes les vrais
arbres et le ciel. Il replonge le peuple chimérique
dans le cours des phénomènes et de la vie uni-
verselle. Alors les figures du théâtre prennent un
sens nouveau : l'Arlequin losangé, le Mezzetin
zébré de rose, le Scapin noir-vêtu deviennent les.
personnages d'une fantaisie toute personnelle,

n'ayant plus que de vagues rapports avec l'état civil qu'ils avaient sur les planches. Échappés au théâtre, ils ne sont plus que les prête-noms des songes de l'artiste, les petits héros passionnés d'un carnaval intime, frères des Puck, des Grain-de-Moutarde des féeries de Shakespeare, et où le poète n'exprime plus que ses propres caprices et les sentiments de son cœur.

Souvent, au costume près, ces poèmes comiques se confondent avec les fêtes galantes. On entend ici et là les mêmes sérénades. Dans quelle classe rangerons-nous l'*Indifférent* et la *Finette* (1)? Sortent-ils du théâtre? Sont-ils pris à la vie? Parfois, on se croit dans le jardin d'un prince Fantasio, de quelque romanesque et richissime seigneur qui aurait commandé à sa cour de se mettre pour quelque temps en travestis ; il y a bien dans le nombre quelques acteurs de profession venus là pour les fêtes et qui se mêlent aux gentilshommes ; mais, sous le déguisement, comment reconnaître le comédien du domino d'occasion? La bande n'est toute entière qu'une troupe de Bohème, prenant en liberté ses ébats dans les bois.

Là, seule près de la cascade aux nappes de dentelle, s'énerve l'attente de l'*Amante inquiète* (à Chantilly). Ailleurs, au débouché d'un bois, une rêverie solitaire s'effarouche, brusquement troublée par une entrée de masques pinçant de la guitare, agitant des grelots et des tambours de basque (collection Alfred de Rothschild). Ici, un berger de comédie s'agenouille pour un aveu burlesque et effronté devant la plus exquise Iris qui ait jamais laissé tomber devant ses pieds menus un bouquet de roses dédaignées. Plus loin, dans le merveilleux tableau de la collection Wallace, l'homme multicolore, passionnément penché, murmure des phrases ardentes à l'oreille de Colombine qui se trouble ; il lève son masque noir sur son visage d'ombre, couvert de cette nuit d'où sortent les paroles qui enchantent les femmes. Et l'on ne sait plus si c'est le conte où l'amour de la Belle transfigure la Bête ; et on se surprend à se demander : Est-ce Arlequin? Est-ce Lélio?

> *Les habits sont italiens,*
> *Les airs français...*

Cette légende d'une des plus charmantes peintures de l'artiste, une perle de la collection de M. Edmond de Rothschild, exprime bien le charme captivant de cette comédie de Watteau. Comme pour toutes les choses profondes, ce charme est double, fait d'ironie et de tendresse, de sentiment et de caprice ; on devine une âme délicate qui fuit l'aveu direct, redoute les confidences et la fadeur. Par le piquant de cet arti-

fice, Watteau évite toujours la bergerie banale
où les bergers du siècle bêlent avec leurs moutons.
Il a trouvé moyen d'introduire dans la galanterie française un peu de cette volupté que
l'Italie nous envoyait avec ses Flaminia, un
peu de cet arome qui parfumera plus tard le
théâtre de Musset. On croit entendre cette fille
de Marivaux qui, sans connaître celui qu'elle
aime, soupire : « J'en voudrais un qui eût le
cœur d'un Italien et les manières d'un Français. »

*
* *

Mais, dans ce peuple en miniature, l'artiste
a voulu un beau jour créer une figure plus
grande : il a fait le grand *Gilles* de la galerie
La Caze. L'histoire est connue : acheté 150 francs
par Denon à un brocanteur du boulevard, Brunet
le rachète à sa vente pour 650 francs et le cède
à Cypierre, d'où il passe au docteur La Caze et de
là au Louvre avec la merveilleuse collection
de ce dernier. Le tableau est inconnu au dix-
huitième siècle (1). Mais la Colombine du second
plan est gravée dans le recueil de Julienne, et
le Terme rieur qui borne la toile à droite est une
signature qui se retrouve dans d'autres compositions de Watteau.

Exposé par La Caze en 1860 à une exposition

du boulevard des Italiens, avec le *Julienne*, l'*Indifférent* et la *Finette*, ce chef-d'œuvre inattendu fit sensation. Watteau, le peintre de figurines, se révélait subitement un maître égal aux maîtres. A dater de ce jour, sa gloire se réveille. La littérature s'en empare. On connaît la phrase charmante et folle de Michelet (1863) : « Au dernier triomphe, écrasé de succès, de cris et de fleurs, revenu devant le public humble et la tête basse, en pleine foule, il rêve (combien de choses ! la vie dans un éclair), il rêve, il est comme abîmé... *Morituri te salutant.* Salut, peuple, je vais mourir. »

Il n'y a aucune raison de croire que Watteau ait jamais rêvé rien de pareil. Il faut être insensible au langage de la peinture pour voir dans ce tableau en blanc et rose, un tableau triste. Corrigeons d'abord une petite erreur de nom. Le personnage n'est pas Gilles, dont le costume est tout différent, mais Pierrot. C'est Pierrot qu'il s'appelle dans toutes les estampes anciennes d'après Watteau où nous le voyons paraître. Dans le recueil de Gillot, le *Théâtre italien*, nous voyons un portrait d'acteur qui ressemble comme un frère au personnage de Watteau, et nous lisons cette légende : « Pierrot, personnage inventé en France vers 1690. *Caractère naïf et malin.* » Gillot se trompe : le rôle de Pierrot

fut créé en 1673 dans le *Don Juan* de Molière, à
l'imitation du Polichinelle napolitain, c'est-à-
dire du paysan dont il porte la tenue, la cami-
sole de toile blanche, le chapeau et le pantalon
blancs. Voir là-dessus les frères Parfaict. Watteau
ne lui prête nulle tristesse. Je ne vois que gaieté
dans sa figure blanche, nullement enfarinée
comme c'est l'usage des mimes modernes, et,
dans sa longue silhouette, sur son visage rond et
placide, un infini de malice, un imperceptible
sourire, une lueur qui avertit que le compère
n'est pas dupe de sa candeur.

Le tableau est un des plus beaux de Watteau,
et du monde. L'artiste sans effort s'élève au style
monumental. Au milieu de la salle du Louvre,
dans ce prestigieux écrin de notre dix-huitième
siècle, ce chef-d'œuvre rayonne avec un magnifique éclat d'autorité. Mais il fallait le voir jadis
dans ce capharnaüm de splendeurs qu'était la
collection La Caze, en face de Rembrandt ; ce
redoutable voisinage, il le supportait sans fai-
blir. A le prendre pour ce qu'il est, pour l'idée
pittoresque, pour l'attitude si simple, le dessin
grandiose, pour la virtuosité dans l'expression
des blancs, pour les modulations exquises et
raffinées de cette valeur, rendue exclusivement
par des ors et des gris d'argent, c'est une œuvre
hors ligne dans l'école française, et peut-être

aussi bien dans toutes les écoles, une de ces ga-
geures d'artiste comme le *Blue Boy* de Gainsborough, mais moins factice, mieux construite
et moins superficielle, un tableau sans rival
aussi bien que sans modèle, s'il n'y avait pas eu
comme exemple de symphonie en blanc le
Charles Ier de Van Dyck, que Watteau a pu
voir chez Mme de Verrue. Privilège de l'art, qui
égale dans la mémoire la casaque de satin du
roi et la souquenille du bouffon, et qui fait de
l'une et de l'autre deux objets fraternels de
joie et de beauté !

***

A cette date de 1716 ou de 1717, lorsque
Watteau peignait ce morceau inoubliable, il est
sans contredit le premier peintre de Paris.
Crozat, à son retour d'Italie, écrivait à la Rosalba
que, « parmi tous nos peintres, il ne voit guère
que M. Watteau capable de faire un ouvrage
digne de lui être présenté ». Il ajoute qu'il menait
chez lui — qui sait? peut-être pour admirer
Pierrot — un compatriote de la Vénitienne, un
de ces Italiens qui cherchaient fortune à Paris,
il signor Sebastiano Ricci, auteur de ces jolies
fresques de l'ancien hôtel de Luynes, qu'on voit
aujourd'hui dans l'escalier de l'hôtel Carnavalet.
En effet, à cet âge de trente ou trente-deux

ans, l'artiste est parvenu à la maîtrise de son art. Il a des élèves. Son compatriote Pater vient lui demander des conseils. Ses formats s'agrandissent. Il cesse d'être un peintre de petits personnages et de petits sujets. C'est de cette époque que datent ses grands portraits.

J'ai déjà dit quel rôle joue le portrait dans l'œuvre de Watteau ; on sait par ses dessins et par les notes de Mariette ce qu'il y faisait de ses amis et des personnes de sa connaissance. Tenons pour assuré que le *Pierrot* du Louvre est aussi un portrait et que, si nous savions son nom, il y a toutes les chances pour que ce ne fût pas un nom d'acteur. Mais, à côté de cette pratique du portrait dont il faisait usage pour les besoins de sa fantaisie, Watteau n'a jamais voulu être un portraitiste de métier. Une vocation décidée l'empêche de se soumettre aux exigences du modèle et d'échanger sa liberté contre l'argent d'un client. Dans ce temps si favorable aux fructueuses carrières, et où le portrait, de Largillière à Rigaud et de Nattier à La Tour, nourrit son homme mieux que tous les autres genres, Watteau s'est toujours refusé à faire le portraitiste. Il n'a consenti au portrait que pour lui-même et pour quelques amis. Il n'a peint en ce genre que les tableaux qui lui plaisaient, et où il pouvait mettre quelque chose de son cœur.

Cette partie de son œuvre est malheureusement
une de celles qui ont le plus souffert. On n'a
gravé de son temps que quelques tableaux qui
se sont perdus : celui de la *Conversation* subsiste
presque seul pour en donner l'idée. Il relève
du genre très flamand des « portraits de sociétés »
dont il y a tant d'exemples dans les musées
des Pays-Bas et d'Angleterre, et que le joli
peintre Tournières, avec beaucoup d'adresse,
était en train d'acclimater chez nous, au temps
de Watteau. C'est dans cette formule de portraits en plein air, de dimensions réduites et de
facture précieuse, — le format du « petit van
Dyck » ou du « van Dyck in-12 », — que Watteau
avait peint sur un fond de paysage le portrait
de l'invalide La Roque, directeur du *Mercure*,
étendu près de ses béquilles entre une panoplie
et un trio de Grâces, qui évoquaient la double
gloire de l'ancien mousquetaire et de l'auteur
d'opéras. Tels étaient encore le portrait d'un
M. Bougi (personnage inconnu) dans le *Con-*
cert champêtre et celui de Julienne, l'ami incomparable, dans ce tableau, gravé par Tardieu,
qui inspire à Michelet quelques mesures d'une
prose immortelle. Tels étaient enfin, pour être
complet, deux portraits de jeunes femmes :
celui de la fille de Sirois (la femme de Gersaint)
représentée en habit de chasse, et celui de la

jeune fille aux roses, en qui j'ai cru reconnaître
la Sylvia de Marivaux.

Tous ces ouvrages sont perdus et ne nous sont
plus connus que par le recueil de Julienne. Ceux
dont je vais dire un mot me sont personnellement
connus. Ils n'ont jamais été gravés. Plusieurs
sont de découverte récente. Ils modifient beaucoup l'idée qu'on se faisait de Watteau.

Le portrait du sculpteur Pater, — Antoine
Pater, le père de Jean-Baptiste, qui fut l'élève de
Watteau, — était jusqu'à ce jour le seul portrait
de grand format attribuable à Watteau. Il a
été donné par un Valenciennois, héritier de la
famille, au musée de Valenciennes, dont il est
l'ornement. Pour l'identité du modèle, elle était
attestée par la comparaison avec un buste de
Saly, également à Valenciennes, et par un croquis
de Watteau, gravé par Julienne, où l'on voit
le sculpteur asseoir devant un chevalet son profil
impérieux et sa perruque de vieux lion. La tête
de Junon, que le sculpteur tient sous sa griffe,
se retrouve dans le *Singe sculpteur* du musée
d'Orléans. Et le geste puissant du bras et de
l'épaule droite, par-dessus laquelle le vieil homme
nous considère avec défi, est le même qu'on

admire dans le portrait du musicien Rebel, le magnifique dessin de la collection David Weill. Toutes ces raisons devaient suffire, lorsqu'en 1913 M. Maurice Hénault a publié un document qui levait tous les doutes (1).

Le portrait est un morceau sévère, d'un style grandiose. La figure est construite par plans un peu heurtés, dans une matière roussâtre qui en accroît encore l'expression farouche. L'incommode personnage, peut-être plus « bonhomme » qu'il n'en a l'air, surgit avec un caractère entier et un brusque relief, un modelé presque exagéré et qui semble sculpté plutôt que peint. Un dur éclairage de côté grave l'ombre des rides, accentue fortement le caractère et la saillie ; cette magnifique esquisse, d'un effet presque brutal, fait songer à une préparation de Rembrandt. C'est un de ces morceaux exécutés de verve par un artiste pour un artiste, sans souci du public, sans retouches et en pleine pâte. On a dit que Watteau aurait peint ce portrait à son retour d'Angleterre, dans un séjour supposé qu'il aurait fait à Valenciennes. Il est plus naturel de le placer aux environs de 1716, quand le vieux sculpteur aura conduit son fils dans l'atelier de Watteau. Celui-ci aurait peint en même temps le portrait de la femme de Pater, qu'un amateur parisien se flatte de posséder, et qui a paru sous ce titre à l'exposition de Berlin en 1910 ; mais tout ceci repose sur une série de conjectures impossibles à vérifier.

Enfin, trois autres portraits se trouvent depuis peu à Paris, arrivant d'Angleterre, le pays où l'on a le plus fait collection de Watteau ; portraits inconnus des biographes, mais qui se présentent, étant donné le portrait de Pater, avec de grandes présomptions d'authenticité.

Le premier et le plus beau des trois est un ouvrage capital. Le personnage assis, à mi-corps, de la seconde jeunesse, celle de quarante à cinquante ans, avec son visage rond, bien nourri, le teint clair, la bouche équilibrée, le nez sensuel et étourdi ; ce personnage opulent qui porte avec désinvolture l'habit chamarré d'or et le linge de la plus fine batiste, est manifestement un homme de la finance, un pair et un égal des Paris et des Law. L'extrémité de la perruque offre cette boucle en forme de bourse que portent les personnages de l'*Enseigne de Gersaint*. La peinture des chairs, la beauté de l'harmonie blonde, la légèreté de l'émail, des traits de vermillon pur qui apparaissent dans les ombres pour aviver le coin de l'œil, accentuer une narine ou un dessin d'oreille, faire couler du rose entre les doigts, comme il arrive lorsqu'on

regarde la main fermée à contre-jour, sont autant
d'habitudes flamandes qui, à cette date et dans
cette pureté, n'appartiennent qu'à Watteau.

Quand on se rappelle ce qu'un Rigaud met
de draperies et de métaphores autour d'un personnage même fort ordinaire ; qu'on observe
les périphrases dont se sert un Nattier pour
exprimer les grâces de Mlle de Clermont, et que
l'on considère dans le portrait qui nous occupe
la familiarité du motif, le style direct et dé-
pouillé, ne devant tout son luxe qu'au prix de
l'exécution, — on est bien obligé de penser au
seul maître qui ait fait en ce temps une œuvre
d'une acception aussi franche et d'un parti-
pris aussi simple : je parle du *Pater* de Valenciennes. L'escamotage de la main gauche, négli-
gemment enfoncée dans la poche de la veste, est
un de ces traits de goût qui révèlent un maître ;
Rembrandt en a de pareils dans son chef-d'œuvre
des *Syndics.* On serait donc contraint de supposer un maître qui peignait comme Watteau,
à l'époque de Watteau, avec des tours de main
et des pratiques flamandes qui sont celles de
Watteau : et ce peintre inconnu ne peut être
que Watteau lui-même.

Je crois qu'on peut aller plus loin et nommer
le modèle sans trop d'invraisemblance. On sait
que Watteau n'a peint que des portraits d'in-

times. On sait qu'en 1718 il vivait chez Crozat.
Enfin le personnage porte le même habit mor-
doré, la même veste de couleur puce qu'on lui
voit en petit, quelques années plus tôt, dans le
tableau de la *Conversation*. Le visage est dans
l'ombre dans ce dernier tableau, et il est bien
petit pour fixer le détail d'une physionomie.
Chose difficile à croire ! Il n'existe pas de gravure d'un portrait de Crozat. Le père Lelong
ne mentionne pour toute la famille qu'un portrait
de l'abbé Crozat, frère de Pierre, portrait gravé
par Mlle Doublet, et dont le profil semble offrir,
dans la construction de l'angle facial, de grands
traits de ressemblance avec notre modèle. Le
portrait de la Rosalba est perdu, ou n'a pas été
identifié. Je n'ai donc pas entre les mains de
preuve sans réplique. J'espère qu'un chercheur
plus heureux saura la découvrir et aura l'honneur de pouvoir inscrire avec une entière certitude le portrait de Crozat au catalogue de
Watteau.

Les deux derniers portraits dont il me reste
à parler sont deux bustes formant pendant, qui
ont paru il y a une vingtaine d'années à des
expositions de Sheffield et de Glasgow, sous le
nom de l'abbé et de Mlle Haranger. Ce sont
sans doute le neveu et la nièce du chanoine
de Saint-Germain-l'Auxerrois, dont Watteau

fit un de ses exécuteurs testamentaires. Ces peintures sont tout à fait des dernières œuvres de Watteau ; seuls les visages sont faits, le reste est à l'état d'esquisse. La figure du jeune prêtre manque un peu de caractère ; le maître ne se retrouve que dans l'ébauche de la soutane, dans la manière, digne de Rubens et de Hals, d'exprimer le noir par des gris, de modeler en même temps qu'on peint et de donner du même coup la forme et la couleur.

La jeune fille est charmante. Elle porte un corsage gris glacé de violet, ouvert en carré sur la gorge, et qui est pour l'œil un délice. Elle peint. Elle tient, de ses mains rapidement esquissées, une palette et une brosse, et cette ombre de main, indiquée plutôt qu'exprimée, a, pour qui connaît le maître, le prix d'une signature. Le visage est doux, sans beauté, affectueux, aimable : encadré d'une jolie chevelure cendrée, dégageant l'oreille et la nuque, et où se pique en arrière le rouge d'une aigrette.

Cette figure ouverte et gravement souriante, infiniment calme et sereine, respire une confiance, une bonté toutes françaises. Qui peut dire si l'auteur de ce morceau exquis ne se sentait pas le pouls lui battre un peu plus vite en donnant des conseils à sa charmante élève? Dans des leçons de ce genre, il est arrivé plus d'une fois

que le cœur se mît de la partie. On n'oublie plus
guère cette ébauche ardente et délicate, si légèrement flottante dans sa solidité sur des fonds
indécis, cette vision de jeune fille, joli peintre
aux doux yeux, et à laquelle l'inachevé, la hâte,
et le je ne sais quoi, et cette aigrette rouge
piquée dans le chignon, donnent cet air d'apparition qu'ont certaines femmes de Goya.

On le voit : n'eût-il fait que ces quatre ou cinq
figures, Watteau portraitiste n'en occuperait
pas moins une place et un rang à part dans l'école
française, par l'accent tout particulier d'expression directe, par l'absence totale de convention
et de manière, qui font de lui en ce genre un des
maîtres du portrait.

Mais le fait qu'il a peu produit, ce petit
nombre d'ouvrages presque sans publicité, faits
pour l'intimité d'un étroit cercle d'amis, le style
inclassable de ces ouvrages, les traditions bientôt
perdues, font de lui sous ce rapport un maître
presque inédit. Sans cette demi-douzaine de
morceaux supérieurs, dussions-nous réduire ce
nombre au portrait de Pater et au *Pierrot* du
Louvre, — il manquerait quelque chose à l'idée
que nous nous faisons des facultés de Watteau :

nous le tiendrions pour moins grand. Il ne
serait qu'un élégiaque, encore que le plus accom-
pli de la peinture française. Nous savons à
présent qu'il n'a fait que ce qu'il lui a plu,
et qu'il ne tenait qu'à lui d'être un peintre de
grands formats, si le cœur lui en disait. Il a préféré les petits, soit parce qu'il jugeait ce cadre
plus propre à ce qu'il avait à dire, soit parce que
les conditions de la peinture de son temps lui
offraient peu d'occasion pour essayer de plus
grandes choses.

*
* *

J'ai déjà dit comment la transformation du
goût au début du dix-septième siècle avait conduit la peinture aux œuvres de dimensions
réduites et au tableau de cabinet, au tableau-
bibelot, fait pour orner nos murs comme un
meuble de prix. Il reste à montrer comment
la décoration subissait à la même époque une
métamorphose analogue et c'est ce que je vais
faire en parlant des arabesques de Watteau.

C'est en 1717 que la fille du Régent, la duchesse
de Berry, quitta le Luxembourg que lui avait
donné son père, pour s'installer à la Muette. Le
régent connaissait Watteau ; il avait des tableaux
de lui, et nous avons vu qu'il assistait à la séance
de l'Académie le jour où Watteau présenta son

morceau de réception. Watteau décora deux
salons de la Muette, tandis que son ancien
maître Audran en peignait plusieurs autres.
Les compositions de Watteau, au nombre de
trente, ont été gravées par Jeaurat et Boucher. Elles ont toujours passé pour un modèle
du genre. J'insiste pour montrer que Watteau
n'a jamais été, comme on le dit quelquefois,
un·génie méconnu. C'était là, il est vrai, sa première commande officielle, mais l'état des finances
et la jeunesse de l'artiste suffisent pour expliquer
ce point. Nous savons d'ailleurs que Watteau,
à des époques indéterminées, avait exécuté plusieurs décorations, par exemple à l'hôtel Poul-
pry, rue de Poitiers, et chez le garde des sceaux,
M. de Chauvelin. Il en avait exécuté une foule
d'autres pour Audran et sans doute dès le temps
de sa liaison avec Gillot, qui était, lui aussi,
un peintre célèbre d'arabesques. Ces compositions légères, Watteau en a fait toute sa vie,
comme un délassement en marge de son œuvre ;
il en a fait pour vivre, et d'autres pour se
divertir ; il a fait en se jouant des enseignes, des
éventails, des paravents (comme le paravent à
six feuilles de la collection Groult), des peintures
de clavecins, et jusqu'à des menus. Il a fait,
sans croire déroger, tout ce qui est du métier
d'un peintre, se réservant de mettre, jusque dans

la chose la plus infime, du goût, de l'esprit et
de l'art. C'est la partie de son œuvre qui a le plus
souffert, celle dont nous avons sauvé le moins
d'épaves. C'est celle qui de son temps a eu le
plus de succès, a été le plus reproduite et le
plus imitée. En dehors des séries connues,
Fourcaud compte plus de cent quarante pièces
de ce genre gravées sur ses dessins.

**

On a souvent cité le mot de Vauvenargues :
« Quelques auteurs traitent la morale comme
la nouvelle architecture, où l'on cherche avant
tout la commodité. » Et on connaît le passage,
également reproduit partout, où l'architecte
Patte commente le mot du moraliste et décrit
les caractères de cette « architecture nouvelle »
au début du dix-huitième siècle.

Je ne peux pas m'étendre sur le caractère
de ce style qu'on appelle le style rocaille. Cette
révolution n'a modifié que nos intérieurs. La
France du dix-huitième siècle conserve sa façade.
Mais dès qu'on entre dans ces palais, dès qu'on
approche du salon, du boudoir, de la chambre à
coucher, dès que l'on considère le détail du mobilier, quel changement ! Tout ce qui, dans le décor
du grand siècle, était luxe, surcharge, excès d'or

et de saillie, s'adoucit et s'apaise ; à la décoration
sans repos, aux grands vases de Lepautre, aux
stucs de Primatice et de Bernin, à ce *fortissimo*
continu, l'artiste substitue des silences ; il ne
laisse autour du panneau qu'un cadre, une
guipure — parfois une rosace au milieu, mais
plus souvent le vide, et il tire ses effets de ces
intervalles paisibles. Au lieu de surmener l'at-
tention, il la distrait, l'amuse et la conduit d'un
fil léger. Ce fil, il l'assouplit bientôt, lui prête
des inflexions, des sinuosités plaisantes ; il le
noue, le dénoue, en forme des entrelacs, le
ploie et le déploie en S, en volutes capricieuses
qui ont l'air de se fuir comme les anneaux d'une
fumée. De là, cette habitude des contours chan-
tournés, des parafes, des lignes brisées, affrontées,
opposées, se résolvant en une suite de cédilles
et de virgules, comme un flot de vagues crespelées
où se déferaient des rubans, des bouquets et
des fleurs.

En vertu de cette esthétique, il est convenu
que les angles s'abattent, que les formes s'arron-
dissent, que les coins disparaissent et sont rem-
placés par des courbes moins sévères et plus
attrayantes ; il suit de là que les marbres des
cheminées, les cadres des glaces, les chenets, les
torchères, les consoles, et tous les meubles de
proche en proche, épousent les mêmes lignes

ondoyantes et se mettent à suivre la mesure souriante donnée par le maître du chœur. Sous cette apparente fantaisie règne une merveilleuse discipline ; pas une dissonance, plus même une trace d'effort. D'autres pays et d'autres époques ont eu — peut-être — de plus grands artistes ; à la France seule, comme l'a dit Nietzsche, il a été donné de créer un style, c'est-à-dire un rythme commun qui embrasse toute la vie et en anime toutes les nuances, un art qui peut s'étendre des choses supérieures aux choses les plus humbles, une grâce et une culture qu'on retrouve à la fois dans une console d'Oppenord, une rampe de Jean Lamour, une chaise de Cressent, une arabesque de Watteau. Et c'est cela qu'on ose appeler une décadence !

Les arabesques, en leur principe, sont ce que la Renaissance appelait des « grotesques », parce que les premiers exemples en avaient été retrouvés dans des fouilles ou des « grottes ». C'est donc un genre de peinture pratiqué des « Anciens » ; Vitruve le raille, et tout Pompéi en est plein. Raphaël et Jean d'Udine en donnèrent dans les Loges un exemple célèbre. Au début du dix-huitième siècle, il prend une vogue nouvelle, parce qu'il s'adapte parfaitement aux exigences du nouveau style et à l'économie des décors à fonds blancs. C'est alors qu'il arrive à la perfection. Quiconque a vu le boudoir de l'hôtel de Soubise, par Natoire et Boffrand, ou les *Singeries* de Christophe Huet à Chantilly, connaît le dernier mot d'une époque et d'un goût.

L'arabesque, pour Watteau comme pour ses devanciers, repose sur une combinaison de lignes, sur un cadre léger et infiniment arbitraire, mais d'une logique rigoureuse, et qui rappelle un peu dans sa convention et sa mathématique spéciale la construction d'une fugue.

Je dis un cadre : prenez le mot dans son sens littéral. Commencez par en isoler les deux bords et par les réduire à un trait, en traitant chacun d'eux d'une manière indépendante. Il est entendu tout d'abord que chacun des quatre angles peut être remplacé par une des formes quelconques en usage dans la rocaille, par des rinceaux et des volutes, des panses et des ellipses qui peuvent se compliquer elles-mêmes de tout le feuillage naturel ou architectonique du vocabulaire décoratif ; il est convenu de même qu'à toute ligne ascendante peut être substituée une tige, un roseau, une feuille d'iris, une forme jaillissante comme celle du lis ou du glaïeul ; que cette forme elle-même peut à volonté se changer en

colonnette, en Terme, en pilastre ou en candé-
labre ; qu'au sommet, les deux bords internes
peuvent s'unir par une forme en arceau, ou
inversement par deux arcs suspendus en guir-
landes. Il est entendu que tout ce qui est droit
peut être exprimé par une courbe ou par un
système d'accolades ; que toute courbe peut se
traduire par des droites et des angles ; que tout
ce qui est convexe peut devenir concave, que
tout fleuron peut devenir bouquet, toute ligne
se dérouler en ruban ou en torsade, toute rosace
sourire ou grimacer en masque, et que, généra-
lement, à une forme quelconque on a toujours
le droit d'en substituer une autre, pourvu que
l'ensemble de ces caprices garde une apparence
de symétrie, et que les lignes essentielles de
cette fantaisiste architecture demeurent sensibles comme le léger support d'une pergola
sous un berceau de roses.

Voilà le thème, déjà susceptible de variations
inépuisables. Et alors, à l'intérieur de ce cadre
si souple et si rigide, l'imagination se donne libre
carrière ; elle étage des piédestaux, des consoles, des corniches, des atlantes, s'amuse à
combiner toutes les formes classiques avec les
formes naturelles ; elle relie cette base au cadre
par des végétations qui jouent à contrefaire
l'arabesque et à se confondre avec elle, pour

couronner le tout par des arceaux de verdure,
des dais, des tonnelles, des treillages, des ten-
delets, des étoffes, des queues de paon, des éventails, des parasols ou des coquilles, par mille
formes chimériques rappelant la ferronnerie, la
feuille du houx, la nageoire dorsale de la dorade
ou l'aile onglée de la chauve-souris. Tout cela
se soutient en l'air par un fil invisible, comme la
construction illusoire d'un équilibriste. Et dans
cet aérien édifice, voilà que notre artiste introduit une foule d'éléments encore et se met à
jongler en cadence avec une cascade d'objets
charmants et disparates, trophées de musique ou
de jardinage, attributs de guerre ou de pastorale,
bouteilles, fiasques, violons, assiettes, oiseaux,
animaux, fleurs...

Au milieu de cette pluie d'images associées
par le contraste et mariées par un sourire, se
trouve ordinairement au centre la place d'un
médaillon ou d'un petit tableau qui est la raison
d'être de la composition. A la rigueur, les deux
parties — celle de pur décor et celle qui comprend le médaillon ou le sujet — pouvaient
s'exécuter et même se concevoir par deux artistes
différents. J'ai l'idée que chez Audran, Watteau
avait le plus souvent à traiter la dernière.
C'étaient de petits sujets familiers aux décora-
teurs, les *Quatre Saisons*, les *Quatre Éléments*,

les *Quatre Ages*, ou encore des sujets sans lien, le *Patineur*, le *Berger*, le *Colin-Maillard*, l'*Escarpolette;* c'était le répertoire des fantoches de la Comédie italienne. C'étaient souvent des singeries et des chinoiseries.

L'idée de représenter la comédie humaine par l'animal qui est par excellence le singe de l'homme, est vieille comme la Fable, qui est vieille comme le monde. Il y en a des exemples dans les peintures de Pompéi. Titien dans un dessin célèbre fait parodier par des singes le trop fameux Laocoon. Mais c'est au dix-huitième siècle que le goût de la singerie fait fureur. C'est bien la revanche des « magots » ! Est-ce un indice du goût frivole de cet âge, de son instinct critique, de son penchant à l'ironie? Le fait est que jamais la famille gambadante, fagotée d'une veste et d'un bonnet, avec une culotte d'où sort comiquement une queue en trompette, n'a exécuté plus de pirouettes, plus contrefait le guerrier, l'amoureux, le charlatan ou le docteur, que sur les paravents, les écrans, les trumeaux des boudoirs et des cabinets de ce temps-là. J'ai déjà dit un mot des singeries de Chantilly. Chardin a fait des *Singes peintres*, des *Singes numismates*. Et Watteau avant lui, quand il se trouvait de belle humeur ou peut-être un peu à court d'idées, a payé en monnaie de singe.

Pour la chinoiserie, il y aurait, si j'avais le temps, mille choses à en dire. Lisez le joli livre de M. Henri Cordier, rappelez vos souvenirs d'une des meilleures expositions du pavillon de Marsan ou repassez dans votre mémoire tout ce qui, dans ce siècle si curieux, si ouvert, encyclopédique, parle de l'Orient, de la Perse, de l'Arabie ou de la Chine. Le thé, le café qui se répandent avec leurs forts aromes (voir le *Thé à l'anglaise* par Ollivier au Louvre), c'est déjà pour ces sédentaires un véhicule de voyage. Boire le chaud, spirituel breuvage, qui excite et n'enivre pas, dans une tasse de fine porcelaine où se poursuivent des dragons, c'est avoir l'idée, le désir d'une civilisation raffinée et lointaine, d'un autre monde ignoré et peut-être fraternel. Et ce sont les cargaisons de bibelots exotiques de la Compagnie des Indes : paravents, laques, soieries, ombrelles, jades, ivoires fouillés avec une patience prodigieuse, où l'artiste fait tenir un monde dans la sphère d'un bouton, — tous ces objets de *lachinage*, comme on appelle alors, d'un mot qui en dit long, ce qui vient de la Chine. Tout le siècle s'habille de nankins, de pékins ; il s'évertue à contrefaire dans ses Sèvres et ses Saxe les merveilles du kaolin. A force de voir flotter sur la laque des paravents les étranges et savantes perspectives chinoises, ces paysages minutieux et demi-irréels, pleins de lacs, de rivières, de kiosques, de pagodes, l'imagination s'éprendra de ce désordre « naturel » qu'elle préférera bientôt à l'ordre de Le Nôtre, et ce sera ce goût qui nous mènera, au temps de Jean-Jacques, à ces parcs d'un nouveau dessin, saugrenu et charmant, qui sont chinois et que, par une dernière inconséquence, on appelle jardins anglais.

Tout cela entre aussitôt dans l'arabesque et la rocaille : les deux arts étaient faits pour se donner la main ; l'amalgame est instantané. Et c'est ainsi que Watteau, dans le cabinet du Régent, au château de la Muette, peint ces compositions célèbres, qui se répètent en échos chez Lépicié et chez Boucher : la déesse Thuo-Chvu, le jardinier Kouan-Tsaï, la religieuse Tao-Kou, le médecin I. Greng, ou Nikou, « femme bonze ». N'allez pas croire que cette bonzerie soit de pure fantaisie : personne n'a pris la peine de rechercher les sources de Watteau. Le hasard nous a conservé un dessin de l'Albertine, qui nous montre, dans toute la précision d'un signalement ethnographique, un Chinois véritable, un mandarin de chair et d'os, dont Watteau se garde d'omettre le nom, qu'il inscrit sur une pierre à droite : *F. Sao*.

Il n'y a pas de raison pour qu'il ait été moins

scrupuleux dans le reste. De tout temps, la curiosité des artistes et des peintres a été excitée
par cet Orient plein de mirages. J'ai parlé des
nègres de Watteau (1). Il faudrait dire un mot de
ses Tartares et de ses Turcs. L'Orient, en ce
temps-là, se trouvait à Paris, comme à Venise
au temps de Véronèse : c'était un défilé de pachas
et de mamamouchis, de Siamois, de Persans
avec lesquels on amusait le déclin du Roi-Soleil ;
c'était l'ambassade de Riza-Bey, de Mehemet-
Effendi ; c'était le séjour de Pierre le Grand,
avec ce que sa cour, ses officiers et ses boyards
traînaient après eux des mœurs éternelles de
l'Asie. Watteau, dans ces occasions, n'était pas
un « voyeur » moins avide que Saint-Simon. Je
sais, au British Museum, un splendide Tcherkesse,
un esclave souple et félin, — prodigieusement
« ballet russe », — Nijinsky dans *Schéhérazade* (2) :
ainsi Watteau, dans ses arabesques, faisait ses
Mille et une nuits.

Pourtant, si l'on se demandait ce que, dans
cette partie de son œuvre, l'adorable poète a
mis de plus personnel, je ne citerais ni ses caprices d'une virtuosité étourdissante, ni ses
spirituels magots, ni ses Chinois ou ses Tartares
d'une vérité si étonnante ; — jusque dans ce
cadre tout artificiel, ce qui touche, c'est ce
qu'il sait encore y mettre de son cœur. Ce

n'est le plus souvent qu'un motif, un petit air de flûte, une ou deux mesures d'une mélodie, rien de plus — et cela suffit. Cette goutte d'élixir parfume tout un boudoir. L'*Escarpolette* balance mollement une rêverie entre deux arbres (1). La *Pèlerine altérée* se penche vers la source (2). Un pâtre joue un air rustique à sa bergère (3). Mais si l'on veut savoir ce qu'un vrai maître peut mêler de sentiment dans l'art le plus conventionnel, ce qu'il enferme d'émotion dans un tableautin d'anthologie, comment le décor le plus vide peut devenir humain, il faudrait regarder les *Dénicheurs d'oiseaux* du musée d'Edimbourg, qui sont un simple motif d'enseigne, ou le couple rose et bleu des *Amants endormis*, ce chef-d'œuvre si tendre de la collection Groult. On voit ici comment Watteau se livre ; comment dans ces œuvrettes rapides sa palette se fait plus libre, plus chatoyante, et qu'il y a déjà là tout le meilleur de Fragonard.

Ainsi, dans sa Comédie même, dans le portrait, jusque dans les caprices de l'improvisateur, ce par quoi se distingue Watteau, c'est par cette sensibilité, par ce qu'il y mêle à tout, sans le vouloir, de sa personne, et qui fait que rien de lui n'est insignifiant. Mais j'ai hâte d'en venir à la partie de son œuvre qui exprime entre toutes cette manière d'être, et où le secret de l'artiste se découvre le mieux ; je parle de ses nudités, et particulièrement de ses nudités féminines.

« Tout se résume dans la femme, qui est toute la nature » : cette phrase de Michelet est d'une vérité profonde. Je ne m'occupe pas de ce qu'elle vaut en morale. En art, on n'a rien dit de plus juste. Depuis qu'il y a un art, il n'y a qu'un sujet, le sujet éternel de l'intérêt humain, qui est le corps lui-même de l'homme et de la femme. C'est le mot qu'on a tant reproché à Cellini : « Tout l'objet de l'art est de savoir dessiner un homme et une femme nus », reproche qu'on fait de même à l'enseignement de l'Académie dont le nom est devenu synonyme de ce genre d'études. Mais l'Académie a raison : le corps humain est le fond du langage esthétique. A suivre l'évolution de ce sujet unique, les différentes manières de le concevoir et de le rendre, on ferait toute l'histoire de l'art. De Phidias à Praxitèle ou de Raphaël à Corrège, une succession de figures nues se date aussi aisément qu'une série de figures drapées ou habillées : tant ce texte humain est expressif, tant cet instrument est docile aux moindres impressions et rend avec délicatesse les nuances que l'artiste y dépose à son insu. Chacun à sa manière modèle tour à tour cette chair ou cette argile : chacun, pour qui sait lire, y confie à la forme ses sentiments secrets, la nature de son génie et de son tempérament, y met ses confidences, ses rêves, ses aveux. C'est la confession la plus intime et la plus irrécusable, celle qui dit tout, celle qui dévoile, beaucoup plus que l' « objet », le fond d'une âme d'artiste et des passions d'un homme. C'est pourquoi tous les maîtres, sans nous lasser jamais, s'essaient tour à tour sur ce thème aussi jeune que l'amour, et toute la beauté, tout le prix de leur art consistent dans le rapport qu'ils expriment ainsi avec la nature et la vie.

On assure que Watteau ne savait pas l'anatomie. Cela n'a aucune importance : Ingres devenait malade à l'aspect d'un squelette. Et chacun sait que les femmes d'Ingres ne sont peut-être pas correctes, — ce qui ne les empêche pas d'être ces choses divines que sont la *Source*, la *Thétis*, ou la *Baigneuse de Valpinçon*.

Caylus écrit que Watteau n'ayant pas disséqué et « n'ayant presque jamais dessiné le nu, il ne savait ni le lire, ni l'exprimer, au point que l'ensemble d'une académie lui coûtait, et lui déplaisait par conséquent. Les corps de femme, ajoute-t-il, exigeant moins d'articulation, lui étaient un peu plus faciles », et il poursuit en insinuant que cette ignorance a gêné l'artiste toute sa vie, en l'empêchant de composer dans le style héroïque, de peindre des allégories ou de rendre des figures d'une certaine grandeur. Ce jugement n'est pas trop exact. Il est vrai que le nu masculin est rare dans l'œuvre de Watteau, mais cela ne prouve pas qu'il ne sût pas le faire : cela prouve simplement qu'il préférait faire autre chose. Les quatre ou cinq dessins que l'on connaît de lui en ce genre, le *Satyre* et le *Bacchus* de son tableau de l'*Automne* sont parmi les plus beaux qui soient sortis de son crayon.

Ce qui est vrai, c'est que Watteau, soit par instinct, soit par humeur, soit par raison, se trouve placé à l'égard du nu dans une position singulière. Caylus dit qu'il n'a rien peint d'héroïque parce qu'il ne sait pas peindre le nu ; il aurait dû se demander si ce n'était pas l'inverse, et si Watteau ne s'interdit pas le nu parce qu'il n'aime pas l'héroïsme, et parce qu'il pense que de son temps il n'y a plus de place pour l'épopée. Watteau est un moderne et il est, en ce qui regarde le corps humain, dans la situation des modernes : situation qui a été en Hollande celle de Rembrandt, celle de Velasquez en Espagne, et qui s'est trouvée près de nous celle de l'école impressionniste. Du moment qu'on écarte la convention classique, qu'on décide de peindre la vie dans sa quotidienne apparence, du moment qu'on ne veut plus des dieux et des déesses, on supprime du même coup la plus grande source de la beauté. On s'oblige, pour être fidèle à la nature, à représenter surtout ce qui est le moins naturel, des robes, des chiffons, des étoffes. Voilà l'inconvénient des programmes. Les peintres modernes l'ont bien senti : les meilleurs, un Manet, un Fantin, un Degas, ont cherché toute leur vie à sortir de ce dilemme, à éluder par quelque biais les conséquences de leur système, pour revenir à l'unique matière de l'art plastique.

De Watteau, on ne peut dire qu'il a un programme et un système ; mais sa manière de composer et de percevoir la vie l'enferme étroitement dans le même problème. On a vu qu'il n'a jamais peint — ou plutôt dessiné — que d'après le modèle, poussant le scrupule jusqu'à ne pas même faire une étude de robe d'après le mannequin. On a vu ce qu'étaient ses modèles : des femmes et des jeunes filles de bonnes manières et de bonne maison, auxquelles on ne

pouvait demander certaines poses courantes
sur le plateau d'un atelier. Il y avait alors
très peu de modèles professionnels, et je doute
que Watteau s'en soit souvent servi. L'état de
modèle n'est devenu un métier qu'avec l'école
de David. Au temps de Watteau, le peintre
Santerre, l'auteur de la *Suzanne* du Louvre,
s'était fait un sérail de beautés de l'Opéra ;
mais c'étaient là des mœurs tout à fait excep-
tionnelles. Les peintres d'autrefois se conten-
taient de leur famille : c'était la coutume de
Rubens et celle de Rembrandt (1). Caylus nous
dit qu'il avait loué « certaines chambres »
dans divers quartiers de la ville et qu'ils y
allaient ensemble avec Watteau et son ami
Hénin pour poser le modèle, ce qui a pu être
vrai, à l'occasion, pendant un an ou deux.
D'Argenville écrit une ligne qui semble plus près
de la vérité : « Sa servante, qui était très belle,
lui servait ordinairement de modèle. » Nous ne
savons pas le nom de l'humble fille qui prêta sa
beauté aux rêves de l'artiste et fut un peu de
joie dans la vie de Watteau ; mais nous connaissons bien son corps suave et charmant, et nous
lui devons, pour la tendresse qu'elle mit autour
de ce cœur fier et timide, pour les chefs-d'œuvre
qu'elle inspira, un peu de la gratitude que nous
avons vouée, parmi les mortes d'autrefois, à la

douce figure de l'Hendrickje de Rembrandt.

Les nudités de Watteau se rapportent presque toutes à une époque de sa vie. En 1719, au sortir de l'hôtel Crozat, où il avait passé un an dans l'intimité de Véronèse et de Titien, il se retira à l'autre bout de Paris, sur la montagne Sainte-Geneviève, chez un neveu de Le Brun, riche auditeur des Comptes, qui se mêlait de protéger les arts, et qui habitait, sur les fossés de la Doctrine chrétienne, le bel hôtel construit par Boffrand, chef-d'œuvre aujourd'hui délabré, où Balzac a placé la scène de son roman de l'*Interdiction* (1). Il vivait là avec Vleughels, ce camarade dont j'ai parlé et qui nous a laissé les deux copies de « nudités » de son ami qui se trouvent aujourd'hui au musée de Valenciennes. C'est là en effet que furent peintes la plupart des nudités de Watteau : nous retrouvons dans plusieurs d'entre elles les mêmes accessoires, un grand lit à coquille, une chaise longue à oreilles et jusqu'à un roquet que nous voyons japper, comme une boule de poils furieux, autour de sa maîtresse.

Ce qui est tout à fait frappant dans ces tableaux, c'est l'absence d'apprêt, de pose, d'intention ; on voit le peintre attentif au charme de la vie, au va-et-vient de la jeune fille, aux beautés qui ruissellent des gestes d'une femme. Tableaux d'intérieur, faits à huis clos, entre quatre murs, sans aucune arrière-pensée de publicité. Le nu, en effet dans nos climats, est toujours chose rare, furtive, exceptionnelle, réduite à quelques circonstances qui toutes se rapportent à la toilette ou à l'amour. La nature, dans ce secret, échappe aux conditions de la vie sociale. La porte s'entre-bâille, la nymphe apparaît un moment. Ce ne sont que des instants, quelque chose de fugitif et toujours plus ou moins enveloppé de mystère. Les accessoires, le linge, tout ce qui est calculé pour servir, pour parer et pour dérober la beauté, gît épars autour d'elle et lui ajoute un nouveau prix. Le sujet en devient plus tendre et plus piquant. Le corps de la femme, voilé, dévoilé derrière son nuage, se montre dans cette intimité comme un charme et comme une surprise.

Intimité, c'est le mot vrai des nudités de Watteau. Intimité si vive, si aiguë que, comme toutes les choses neuves, elle a paru blessante et qu'au bout de deux siècles le charme pénétrant ne s'en est pas évaporé. Ces sujets, la *Toilette* de la collection Wallace, ou le *Lever* qui appartient à Mme la princesse de Poix, effarouchaient les amateurs, sont restés longtemps invendables ; on y trouve, avec plus de grâce et de bienveillance, cette pointe ultra-moderne que l'on sent dans certaines études de Degas. Vous rappelez-

vous le procès que l'on a fait au chef-d'œuvre de
Gustave Flaubert? Il n'y en a d'autre raison que
certaines scènes trop intimes, qui en leur temps
parurent cyniques. Il me semble, en voyant ces
tableaux de Watteau, entendre le sifflement du
lacet de corset de Madame Bovary. Philippe Mercier, gravant le tableau du *Lever*, n'a pas cru
pouvoir le reproduire sans voiles ; il y a ajouté
ce que le langage d'alors intitulait des gazes, des
tissus, une foule de périphrases qui dissimulent
et estompent. Une éponge, que la servante présente à sa maîtresse dans un bassin d'argent,
devient dans la gravure une grappe de raisins.
Le copiste, plutôt que d'être clair et textuel,
a préféré l'absurdité.

Rien n'est pourtant plus pur, plus dénué de
libertinage que ces nudités exquises ; mais ces
choses toutes simples, une femme qui se lève,
s'habille, met ses bas (comme dans l'admirable
dessin de la collection Dormeuil qui sert de fron-
tispice à ce livre), une femme qui se fait les
ongles des orteils (autre dessin fameux du British Museum) (1) — ces choses, plus elles sont
communes et unies, prennent subitement, dès
l'instant où on les remarque, une valeur extraor-
dinaire ; plus elles sont sans témoins, jugées insi-
gnifiantes, plus elles semblent, notées par hasard
par un observateur, insolites et presque vio-

lentes. C'est ce que veut dire, j'imagine, le
critique anglais Claude Phillips, écrivant que
Watteau, même lorsqu'il songe à Titien et qu'il
endort un beau corps dans la grande nature,
met malgré lui dans son *Antiope* du Louvre des
grâces de boudoir. En réalité, il n'y a pas de plus
beau corps de femme, de dessin plus précieux,
de modelé plus divin que l'*Antiope* de Watteau :
c'est l'inattendu du motif, c'est l'inédit de l'arabesque qui donnent, pour un moment, cette
impression de recherche et presque de mièvrerie.

Même dans ses mythologies, même quand il
se souvient de Véronèse et de Rubens, dans ce
concours avec les maîtres qui est l'idée fixe de
tout artiste, il y a toujours chez Watteau quelque
chose d'imprévu, de familier, de hardi, un trait
pris sur le vif, le mouvement de Vénus dans le
Jugement de Pâris, geste rapide de la femme qui
ôte sa chemise, geste de celle qui la remet (dans
la *Toilette* d'Hertford-House) — geste qui, dans
l'*Amour désarmé* de Chantilly, se fixe au-dessus
de la tête en couronnement de grâce, — il y
a dans tous ces tableaux une nouveauté d'accent,
un naturel, une vie qui sont autant de noms de
leur intimité.

Et d'ailleurs on n'a pas tout dit sur ce sujet,
quand on a énuméré cette demi-douzaine de
morceaux inimitables ; il faudrait y joindre tout

le personnel des divinités et des nymphes qui,
sur leurs piédestaux, dans la pénombre des bos-
quets, président aux *Fêtes galantes*. On a souvent
dit que ces statues ont le frisson de la chair ;
c'est qu'elles ne sont jamais que des études
d'après la vie, des sensations toutes frémissantes,
dont la glace hypocrite du marbre déguise mal
l'ardeur. A côté de l'amour policé et vêtu, ces
lascives déesses montrent la nature toute nue :
elles révèlent ce que tait le désir des amants. La
nymphe des *Champs-Élysées* (collection Wallace)
n'est autre que l'*Antiope* du Louvre. La naïade
gamine de la *Leçon d'amour* (qui est la même
que celle des *Divertissements champêtres*) répète
l'attitude ravissante de la figure de l'*Automne* de
la galerie La Caze. De quelque nom qu'il les
appelle, c'est avec ses modèles que Watteau fait
ses déesses.

Rappelez-vous la *Diane au bain*, cette incomparable merveille de la collection Groult : cette
petite figure étonnée, décoiffée, potelée, brillante de jeunesse et de grâce au bord de l'eau où
trempe un de ses pieds charmants, au milieu
d'un grand paysage et sous le plus vaste ciel que
Watteau ait jamais peint ; rappelez-vous cette
petite tête blonde, un peu échevelée, où s'agitent
deux bleuets et un coquelicot, qui font une note
si adorable sur la course d'un nuage grisâtre ;

rappelez-vous ce dessin insaisissable, cette épaule
et ce flanc sans ombres et sans bords, cet arc
indescriptible qui continue la courbe du corps
par celle de la cuisse repliée, dont le pied pose
sur un genou, et la beauté de ce pied parfait,
inouï de forme et d'élégance, que les deux
mains de la jeune fille embrassent pour l'essuyer,
si bien que les extrémités se réunissent en pointe
et que toute la silhouette, si ample d'un côté,
se termine de l'autre en finesse par un faisceau
formé des bras et de la jambe maigre qui
s'aiguise en un pied et en un orteil roses. La peinture vaut le dessin : blonde, ambrée, d'une matière à la fois mince et grasse, d'une souplesse
de touche qui fait sentir toutes les rondeurs,
les élasticités, les reflets et le duvet de la chair,
et que Rubens même ne surpasse pas dans l'exécution de ses corps les plus nacrés. Au milieu
de son paysage, sous le grand mouvement des
nuées grises et légères, assise sur sa chemise
et sa tunique d'œillet rose, cette Diane rustique
et charmante brille comme une perle dans l'écrin
de l'univers.

Des beautés de cet ordre sont des choses qu'on
n'invente pas. Ce sont des trouvailles qu'un œil
d'artiste fait seul dans la nature ; et en effet,
cette forme singulière de la *Diane*, cette silhouette
à la fois arrondie et aiguë, n'est autre que celle

de la jeune femme du British Museum, se faisant
les ongles des orteils. C'est de cette étude imprévue qu'est sortie cette toile plus imprévue
encore (1). Remplacez la chaise longue du dessin
par une berge de ruisseau, le coffret de toilette
par un carquois, modifiez légèrement la pose de
la tête pour lui donner l'expression de la surprise
aux écoutes, changez le cabinet ou la chambre
en paysage agreste, mais en conservant l'impression rapide, l'émerveillement de la *chose vue*,
et vous avez la *Diane* de Watteau.

Et c'est en quoi toujours les nudités de Watteau diffèrent des immobiles Olympiennes de
Titien. Celles-ci expriment la vie sous le caractère de l'éternel. Mais cette intimité, cet instantané du motif, ce vif tressaillement du cœur
et de la chair, sont ce qui émeut chez Watteau
et c'est ce sentiment qui se répand après lui
chez les molles déesses de Boucher et chez les
sensuelles faunesses de Clodion.

Observez en passant que ce modèle de Watteau
est d'un galbe parfait et d'une santé irrépro-
chable. Michelet, qui explique tout par l'amour,
dit que Watteau est triste parce qu'il n'a eu que
des maigreurs à peindre : « Quel misérable

peuple ! Ces femmes si jolies, ce sont (comme le disait un roi matériel de Madame Henriette), ce sont de *jolis petits os.* »

Eh bien ! ce n'est pas cette tristesse que je sens chez Watteau. Ce n'est pas sa maîtresse, c'est lui qui était un malade. Mal lent, mal de langueur dont on n'observe pas les progrès tous les jours et qui a des arrêts, des périodes d'accalmie et d'apparent répit. C'est à un de ces moments-là, au calme et au bon air de la colline Sainte-Geneviève, que correspondent presque toutes les nudités de Watteau. Mais le mal persistait, le minait sourdement. Et c'est à ce mal que nous devons la femme de Watteau, la forme troublante de son rêve.

On n'a jamais étudié la maladie de Watteau. Il n'existe même pas, que je sache, une étude passable sur la psychologie de la tuberculose. Je ne vais pas me risquer sans lumières spéciales sur le terrain de la pathologie. Mais pour qui sait à quel point nos idées et nos actes tiennent à notre tempérament, à quel point le physique détermine le moral, il n'est guère douteux que l'on trouverait dans une telle étude la plupart des raisons secrètes de l'œuvre d'art. Non pas que le génie soit, comme on le veut, une maladie, ni même que l'œuvre d'un malade soit pour cela morbide ; mais elle dépend étroi-

tement des conditions de la nature. Or, de
toutes les causes qui agissent sur le système sen-
sitif, il n'y en a pas de plus active que la tuberculose. Elle ne détraque pas l'appareil nerveux,
elle l'affine et l'aiguise. Elle le rend plus délicat
et plus impressionnable, plus susceptible, plus
irritable ; elle ne crée pas de talents ni de dispo-
sitions nouvelles, mais elle hâte, elle perfectionne.
M. Paul Bourget, que je consulte, et dont chacun
connaît l'expérience en ces matières et la science
de psychologue et de physiologiste, veut bien
me répondre : « La tuberculose? C'est un merveilleux *sensibilisateur*. » M. le docteur Fiessin-
ger, autre maître en médecine morale, ajoute
cette formule profonde : « Une maladie, *c'est une
émotion*. » Dans ces conditions de fièvre, les
facultés se développent, le malade « flambe », il
brûle d'une vie plus ardente, il brille en se
consumant, et une fois de plus le langage a
raison en définissant ce mal une maladie de
consomption.

Ce qu'un tel mal ajoute à la vie du cœur,
aux puissances secrètes de l'amour, est chose
infiniment variable. Souvent on observe chez
le phtisique un redoublement de la fièvre amoureuse. Chez un garçon comme Watteau, pauvre
et aristocrate, malingre, ne payant pas de mine,
raffiné, ombrageux, dégoûté, cette disposition

se tourne de bonne heure en esprit romanesque. Certains de ses biographes modernes lui prêtent des histoires ; ils imaginent gratuitement des aventures de coulisses que nous n'avons aucune raison de croire ou de supposer. Watteau n'est pas un saint, quoiqu'il fût catholique exact et ne manquât pas la messe de Saint-Germain-l'Auxerrois. Mais un homme timide et gauche, de sensibilité délicate, rétractile, a peu de chances de succès dans le monde des comédiennes. Des femmes élégantes qu'il a vues chez Crozat, en est-il une qui un jour ait fait battre son cœur? Sans doute, et même probablement plus d'une ; mais que dire de plus? C'est se faire une idée bien niaise des femmes de ce temps-là que de les croire toutes faciles. Il y a toujours eu des fronts qui ne rougissent pas ; mais pour une petite bande de folles dont on parle — l'orgie de la Régence ! — il y a la masse des autres, celles qui n'ont pas d' « histoires ». Toujours est-il que Watteau, selon toute vraisemblance, ni au théâtre ni dans le monde, n'eut de quoi satisfaire son cœur ; il n'y trouve qu'un sujet de désirs, d'émotions qu'avive encore son état de valétudinaire. De ces émotions, toujours amoureux, toujours souffrant et toujours chimérique, il se compose, pour se consoler, son petit monde imaginaire.

De là cette habitude de travestissements qu'il impose d'ordinaire à ses rêves, ces costumes de théâtre dont il affuble ses personnages, comme pour déguiser quelque chagrin sous un sourire ; de là cet air d'irréalité qu'il prête à toutes ses créatures, ce je ne sais quoi de flottant que respirent ses compositions, ces langueurs, cette *morbidezza* qui sont l'atmosphère même des créations de Watteau. De là, malgré la précision, l'acuité de l'observation, l'analyse véridique des chiffons et des robes, malgré l'exactitude des modes féminines, — de là cette apparence de songe, de *Comme il vous plaira* qui s'exhale de ses peintures et en fait, plutôt que le tableau de la réalité, la description intime des nuances d'une âme et d'un état de la sensibilité.

Fait significatif ! De toute la peinture, la femme de Watteau est peut-être la seule qui se sente si peu en scène et nous fasse si peu d'avances, qu'elle nous tourne constamment le dos. Depuis qu'on écrit sur Watteau, aucun critique n'a vu cela : c'est un poète qui l'observe, le Verlaine des *Fêtes galantes*.

Parfois aussi le dard d'un insecte jaloux
Inquiétait le col des belles sous les branches,
Et c'étaient des éclairs soudains de nuques blanches
Et ce régal comblait nos yeux de jeunes fous.

Quelques peintres, incidemment, Véronèse par exemple, avaient deviné l'éloquence de la femme vue de dos. Vélasquez la retrouve dans sa *Vénus au miroir*. Mais un maître seulement, des plus exquis et des plus rares, l'un des plus raffinés observateurs du monde, Gérard Terborch, avait tiré de ce dos de la femme sa puissance expressive. Ce grand voluptueux de Gustave Courbet (et Ingres avant lui) l'a bien connue aussi dans ces créatures admirables qu'on voit passer, drapées de cachemires, dans ses tableaux de l'*Atelier* ou de l'*Incendie nocturne*.

Je ne crois pas que Watteau dans la même habitude porte aucune réminiscence. Cela résulte chez lui d'un sentiment tout spontané et pour lui-même inexplicable. Voyez le tableau des *Deux Cousines :* toute la poésie de cette charmante image, elle n'est pas dans la beauté de la femme vue de face qui flirte avec son amoureux et rit en lui disputant une rose, mais dans la forme exquise qui debout, sans nous regarder, sans nous dire à quoi elle pense, détourne les yeux loin de nous et les repose sur le paysage. La femme, dans cet état, n'est plus telle femme particulière, ayant une expression et une physionomie ; perdue dans sa rêverie, elle-même se transforme en un thème de rêveries : elle n'est plus qu'une forme pure, une idée simplifiée, un songe sans visage, dépourvu même d'attrait sensuel, du charme de la gorge, — un mystère, un signe, un appel, une vague promesse de bonheur.

Dans presque tous les tableaux de Watteau, nous la retrouvons, cette rêveuse qui n'a pas de regards pour nous : non dédaigneuse, ni coquette, ni indifférente, mais simplement absente, étrangère et lointaine. Elle est celle dont jamais nous ne verrons les traits, qui jamais ne nous dira le mot que tous les cœurs attendent. Et souvent, au lieu de la peindre immobile et songeuse, en statue de la Paix, inaccessible à nos tourments et à nos inquiétudes, Watteau la représente en marche, la doue de mouvement, — hélas ! pour l'éloigner encore !

Combien de fois la voyons-nous, dans un coin des jardins de Watteau, qui s'en va souriante au bras de son ami ; combien de fois le voyons-nous, ce couple qui nous quitte, — parfois en se retournant et en jetant sur notre misère et notre solitude un regard de pitié ! C'est la nymphe de Virgile qui s'enfuit sous les saules, fuit pour se faire voir ; mais non, elle s'en va, absorbée dans son amour, dans cet univers enchanté que composent deux cœurs battant à l'unisson, indifférente à tout le reste, et emportant dans sa traîne — dans le pli de sa robe « Watteau » — combien de désirs et de rêves !

Désirs, songes, souhaits d'un malade qui n'a pu que rêver la vie ! La coupe délicieuse n'a pas touché ses lèvres : c'est de là que provient la poésie de Watteau. Une fois il lui arrive de peindre une jeune fille, un intérieur bourgeois, les dix-huit ans paisibles d'une enfant que l'on pourrait épouser, une couture attentive, assise au bord d'un grand fauteuil, des yeux baissés qu'on ne voit pas, un ovale charmant qu'on devine, penché sur le travail des mains ingénieuses, tout un roman tranquille dans une atmosphère grise, auprès d'une vieille grand'mère à quenouille, d'un marmot qui joue, d'un serin qui chante dans sa cage d'osier et d'une rose blanche qui s'effeuille dans un verre, — et c'est le chef-d'œuvre de l'*Occupation selon l'âge*, un tableau qu'il n'a fait qu'une fois, mais qui contient tant de son cœur ! — un Chardin avec toute la musique de Watteau. Et puis, dans ce moment de retraite dont j'ai parlé, sans honte avec la tendre fille et l'humble cœur qui l'aime, il a peint ces tableaux de nudités ravissantes, ces confidences de bonheur qui étonnent un peu dans son œuvre.

Mais la femme de Watteau, sa vraie femme, c'est celle qu'il n'a possédée jamais : celle qu'il n'a fait qu'entrevoir, la vision qu'il n'a fait que rêver. Tout jeune, dans ce croquis de la

Desmares, qu'il faisait à vingt ans, un soir,
tout ébloui d'illusion et de beauté, au sortir
de la Comédie, et rêvant déjà de la merveille
qu'il devait faire un jour, c'est ainsi qu'elle
lui apparaît, la rieuse, l'enjouée « pèlerine » :
vue de dos, longue et mince silhouette, fugitive
apparition du bonheur qui s'en va. Elle est celle
qui passe. Et ce sera tout le symbole de l'*Embarquement*, le chef-d'œuvre auquel il faut toujours en revenir : départ, élan, vouloir qui ne
furent pas réalisés. Et c'est cette nostalgie,
cette inquiétude et ce désir qui font passer
parfois dans ce poème de l'amour tant de douleur et de mélancolie.

CHAPITRE IV

« L'ENSEIGNE DE GERSAINT »
LE RÊVE DE WATTEAU

Watteau ne sera jamais un académicien fort zélé. Après sa réception, il paraît une fois ou deux aux séances, par politesse pour ses confrères, et s'en tient là. Mais il n'en devenait pas moins, par son élection, un personnage officiel. Il fait partie des « gens du Roi ». A ce titre son nom se trouve sur les listes d'adresses de l'Almanach Royal — le *Tout-Paris* de ce temps-là — et c'est ainsi que nous avons une idée de ses déplacements dans les dernières années de sa vie. En 1718, il habite rue de Richelieu chez Crozat. L'année suivante, il loge, avec son camarade Vleughels, chez le neveu de Le Brun, rue des Fossés-Saint-Victor (aujourd'hui rue du Cardinal-Lemoine). Le 20 septembre, Vleughels écrit dans une lettre à la Rosalba en lui parlant de Watteau : « Il est mon ami, nous logeons ensemble. » L'Almanach de 1720 a paru à la fin de 1719 ; le permis d'imprimer est du 22 décembre. On y lit : « *Vateau*, peintre, est à Londres. »

Il devait être parti depuis quelques semaines, sans doute en octobre ou novembre, — pourquoi? Pour consulter un médecin (1), disent les uns, par lubie, disent les autres, et je crois, quant à moi, par un désir subit de gagner de l'argent. C'est un de ces traits « peuple » qui se révèlent parfois bruquement chez l'artiste, l'homme de lettres : l'effroi de la misère, la peur de manquer pour ses vieux jours. Nos peintres essaimaient alors par toute l'Europe. La grande équipe de Versailles, désormais licenciée et vacante, cherchait au loin de l'ouvrage, portait la France par le monde. Beaucoup de Français se fixaient à Londres. La Fosse, Largillière, Desportes faisaient l'intérim de Van Dyck. Vingt autres, Gascar, Baptiste, Rousseau, Laguerre, Philippe Mercier, Baron, d'Agar y vivaient à demeure. La Tour, à ses débuts, s'intitule « peintre anglais ». Labélye construisait le pont de Westminster. Voltaire allait bientôt dans ses *Lettres anglaises* nous rapporter l'anglomanie et Montesquieu le Parlement.

Watteau resta absent environ sept ou huit mois. Le voyage fut un désastre (2). La mauvaise saison, les brouillards l'achèvent. Il y gagna le spleen. Un curieux dessin d'Oxford nous le montre au retour dans l'état d'un homme qui se noie. Il revenait avec une santé délabrée et une année perdue. Ce devait être vers la mi-juillet 1720 : son ami Julienne se marie le 22, et il est probable que Watteau était là pour le mariage. Il était certainement à Paris le 21 août, puisque la Rosalba écrit qu'elle l'a vu ce jour-là. Il ne lui restait plus tout à fait une année à vivre.

.   ***

Cependant la joie du retour, la belle saison, le plaisir de revoir des amis, le bien-être qu'il éprouvait chez Gersaint (il était descendu sur le pont Notre-Dame, chez cet ami nouvellement marié à la fille de Sirois), les souvenirs de sa jeunesse retrouvés dans ce décor, le bonheur de vivre entre deux jeunes ménages et comme dans la douceur d'une double lune de miel, lui rendent un regain de confiance. Sa lettre du 3 septembre à Julienne est pleine d'allégresse. Il travaille alors au grand tableau de la collection Wallace, le *Retour de chasse*, une vaste toile magnifique et d'animation insolite, pleine de mouvement, de chevaux, de piqueurs, d'équipages, avec une amazone, belle comme un oiseau rose perché sur la croupe de sa jument baie et

glissant, gracieuse, aux bras de son cavalier, —
un tableau très nouveau par ses dimensions et
par une prépondérance inédite des éléments
réels et de la vie physique. Le matin, il dessine ;
il peint l'après-midi. Les idées affluent, elles dé-
bordent du cadre, il faut agrandir le tableau.
Watteau est plein d'entrain et d'ardeur ce jour-
là.

Nous le voyons même renoncer à sa sauvagerie
et devenir mondain. Un merveilleux dessin du
Louvre, annoté par Mariette, nous montre un
groupe de trois têtes : celle du flûtiste Antoine,
du ténor Pacini et Mlle d'Argenon, la nièce de
La Fosse, cantatrice célèbre dont les contemporains nous disent qu'elle chantait comme un
ange. Puis, dans le coin, à droite, deux profils
féminins plus vaguement esquissés — celui de
la pastelliste Rosalba Carriera et de sa sœur
Nénette. C'est le souvenir pris sur le vif de ce
concert italien du 30 septembre 1720 donné dans
l'hôtel de Crozat, où assistaient le Régent, le ban-
quier Law, le Tout-Paris, et où la Rosalba tenait
le violon.

J'aimerais à parler un peu de cette femme célèbre, aujourd'hui démodée, dont la réputation
était alors européenne, en qui le monde saluait
la fille du Corrège et dont un enthousiaste
s'écriait que nul homme depuis la mort du Guide

n'était digne de la recevoir dans son lit. Aujourd'hui tant de gloire nous semble inexplicable. Nous ne sommes plus touchés par ce doux nom de Rose-Blanche, qui semble si bien fait pour l'auteur de ces pâles apparitions flottantes sur des fonds gris, dont elle a peuplé nos musées. Pourtant nous lui devons beaucoup : nous lui devons le pastel. Non que d'autres n'eussent manié le pastel avant elle ; mais la première, cette fée y déposa une qualité poétique qui devait entre tous faire préférer cet art au temps de la Pompadour. Chaque siècle invente ainsi un art qui lui ressemble. On n'imagine pas plus le seizième siècle sans le crayon, que le dix-huitième sans le pastel. Présent magique ! Il fallait une femme pour créer ce langage où les grâces impalpables d'un siècle de sourires s'expriment dans les atomes de la poussière colorée.

Watteau connaissait dès longtemps la Vénitienne et l'admirait. Il adorait en elle le vivant génie de l'Italie. On croit qu'il a fait son portrait (elle avait d'ailleurs cinquante ans et n'était pas jolie). Elle a fait sûrement le sien. Ce portrait s'est perdu. Mais en dehors de ses lettres, publiées par Malamanni, un curieux témoignage nous reste de l'amitié de l'étrangère pour celui qu'elle appelait « l'inimitable M. Vatô ». Nous

avons un dessin de Watteau qui représente sans
doute la Rosalba à sa toilette ; ce dessin est
reproduit dans une miniature de la Rosalba
aujourd'hui au musée de Dresde. C'est sans doute
un des souvenirs d'elle qu'elle avait promis au
grand peintre, et qu'elle était en train d'exécuter
pour lui lorsque, de retour à Venise, elle apprit
par Crozat la nouvelle de sa mort.

On a vu que Watteau, à son retour de Londres,
était descendu chez Gersaint. Pour s'acquitter
envers son hôte, il peignit le portrait de sa
femme en habit de chasse. Il voulut faire davantage et, par reconnaissance pour l'ami auquel
il devait tant, le pria de le laisser peindre le
plafond de sa boutique. De là, le fameux tableau
de l'*Enseigne de Gersaint*.

Un mot d'abord sur ce nom de plafond attribué à une enseigne. Le sens en a été parfaitement éclairci par M. Paul Alfassa, dans une
étude très remarquable, à laquelle je ferai plus
d'un emprunt. Si vous regardez la perspective
des maisons du pont Notre-Dame, dans la gravure d'Aveline, vous êtes frappés par ce fait,
que toutes les boutiques sont protégées d'un
bout à l'autre par une ligne d'auvents. C'est

sous cet auvent, entre le bord extérieur de la
visière et le linteau de la porte, par conséquent
sur un plan oblique par rapport au spectateur,
que l'on plaçait le tableau appelé le plafond.
On lit dans l'*Encyclopédie* à l'article *Enseigne* :
« Petit tableau pendu à une boutique de marchand ou d'ouvrier pour le désigner. L'on appelle
aussi enseigne *un tableau qu'on met sous l'auvent
d'une boutique et qui tient toute sa longueur.* »
Et un passage de la vie de Chardin nous montre
que pour voir ce genre de « plafonds », on était
obligé de sortir de la boutique, comme il est
naturel, puisque cette peinture était faite pour
attirer le regard des passants.

Aimable sujet, et qui vaudrait à lui seul un
discours : les vieilles enseignes de Paris ! Temps
charmants, siècles de bonhomie, où des maîtres
comme Watteau, comme Chardin, comme Boilly,
ne dédaignaient pas de contribuer à l'ornement
d'une ville, où de grands sculpteurs comme
Buyster consentaient à tailler la Vierge d'un
carrefour, où l'enseigne d'un simple ouvrier
pouvait être un chef-d'œuvre ! Watteau a fait
plusieurs enseignes : l'une d'elles, l'*Alliance de la
Musique et de la Comédie,* appartenait au peintre
Henry Michel-Lévy ; le motif délicieux du *Déni-
cheur de moineaux* a servi d'enseigne à Sirois,
du temps que sa boutique s'appelait *Aux*

Armes de France (on verra que Gersaint avait changé ce nom) ; un troisième tableau, gravé par Boucher, *Vertumne et Pomone*, était l'enseigne d'un autre peintre ou marchand de tableaux du pont Notre-Dame. Ces trois morceaux sont de la première classe décrite par Diderot. L'*Enseigne de Gersaint* appartient à la seconde.

Cela dit, relisons le récit de Gersaint. « A son retour à Paris, qui était en 1721, dans les premières années de mon établissement, il vint chez moi me demander si je voulais bien le recevoir et lui permettre, *pour se dégourdir les doigts*, ce sont ses termes, si je voulais bien, dis-je, lui permettre de peindre un plafond que je devais exposer en dehors. J'eus quelque répugnance à le satisfaire, aimant mieux l'occuper à quelque chose de plus solide, mais voyant que cela lui ferait plaisir, j'y consentis. On sait la réussite qu'eut ce morceau. Le tout était fait d'après nature ; les attitudes en étaient si vraies et si aisées, l'ordonnance si naturelle, les groupes si bien entendus, qu'il attirait les yeux des passants et même les plus habiles peintres vinrent à plusieurs fois pour l'admirer. Ce fut le travail de huit journées, encore n'y travaillait-il que les matins, sa santé délicate ou pour mieux dire sa faiblesse ne lui permettant pas de s'occuper

plus longtemps. C'est le seul ouvrage qui ait
un peu aiguisé son amour-propre ; il ne fit point
difficulté de me l'avouer. M. de Julienne le
possède actuellement dans son cabinet, et il
a été gravé par ses soins. »

Ce récit n'est pas d'une entière exactitude.
Watteau était en France depuis juillet 1720.
Gersaint écrit au bout de vingt-cinq ans ; à
cette distance, on peut se tromper de six mois.
On a vu aussi que Watteau, dans sa lettre du
3 septembre, décrit l'emploi de son temps autrement que le fait Gersaint : il réserve les matinées
pour l'étude et le dessin et ne peint que l'après-
midi. Enfin, si vite qu'il travaillât (et Crozat
au contraire nous parle de sa lenteur), on a peine
à croire qu'un tableau de 3 m. 50, comprenant
plus de dix figures, soit l'ouvrage de huit séances.
Le temps ne fait rien à l'affaire. Disons que le
tableau fut exécuté très rapidement, non pas
en 1721, mais quelques mois plus tôt — probablement tout de suite après le *Retour de chasse*,
sans doute dans le courant de septembre et
d'octobre 1720, quand la lumière est claire encore
et qu'on se hâte pour profiter de la fin d'un beau
jour.

L'*Enseigne* ne resta en place que quinze jours.
Elle fut aussitôt acquise par Claude Glucq,
conseiller au Parlement et seigneur de Villequier,

et cousin germain de Julienne, qui la lui racheta aux environs de 1730. Il la fit copier par Pater et graver par Aveline. La copie est aujourd'hui chez M. Edgard Stern. En 1744, quand Gersaint écrivait sa notice sur Watteau, l'*Enseigne* se trouvait encore chez Julienne. Elle n'y était plus à sa mort (1767). Mais on la retrouve à Berlin, cette fois coupée en deux morceaux, en 1760. Cette année-là, les Autrichiens envahirent la Prusse et pillèrent Berlin et les châteaux des environs. Le 17 octobre, le marquis d'Argens écrit à Frédéric : « Vous savez déjà sans doute, Sire, que l'on n'a pas causé le moindre dégât à Potsdam ni à Sans-Souci. Quant à Charlottenbourg, on a pillé les tapisseries et les tableaux, mais par un cas singulier, on a laissé les trois plus beaux — *les deux Enseignes de Watteau* et le portrait de cette femme que Pesne a peint à Venise. » Le rapport du gardien du château nous apprend qu'un des deux Watteau du salon de musique a reçu des coups de sabre, mais qu'il est réparable.

On ignore à quelle date l'*Enseigne* fut partagée en deux et portée à Berlin. Nous savons seulement que, de 1744 à 1747, le comte de Rothenburg, agent de Frédéric, se trouvait à Paris où il faisait nombre d'achats pour le compte de son maître, et que le salon de musique du châ-

teau de Charlottenbourg fut précisément décoré
en 1747. Il y a tout lieu de croire que c'est à
ce moment que le tableau sortit des collections
de Julienne. Sept ou huit des plus beaux Watteau
du roi de Prusse, dont l'*Embarquement pour
Cythère*, ont la même origine. Julienne, qui n'avait
en vue que la gloire de Watteau, croyait bien
le servir en plaçant ses ouvrages chez un si
grand prince. On sait l'admiration, l'attendrisse-
ment publics pour le roi philosophe, le nouveau
Marc-Aurèle et l'ami de Voltaire, le monarque
d'alors qui sut se faire la meilleure presse,
et, au demeurant, un des esprits supérieurs
de son siècle. Quant à l'idée, qui nous semble
barbare, de couper un tableau pour en faire deux
pendants, elle paraissait moins choquante alors
que de nos jours ; il faut avouer que l'*Enseigne*,
avec sa composition symétrique, se prêtait à
ce parti mieux qu'un autre tableau. Il est probable que la mutilation s'accomplit à Paris et
par les soins de Julienne, Frédéric ne se fiant
pas pour ce travail délicat à la main-d'œuvre
allemande. Plût à Dieu que ses successeurs n'eussent pas de péchés plus graves sur la conscience !

Les deux parties de l'*Enseigne* n'ont plus
jamais quitté Berlin. Avec l'*Embarquement pour
Cythère*, elles décoraient, dans le vieux palais
baroque d'Eosander, le boudoir de l'Impéra-

trice. Celle-ci les prêta au printemps de 1910 à l'exposition de la Pariser-Platz. Elles sont aujourd'hui au Musée national, dans le cabinet du directeur. Elles y sont très bien. Un poète, M. Charles Clerc, dans une jolie saynète jouée naguère à Paris, imaginait l'évasion de la troupe de Watteau, la fuite d'Arlequin, de Pierrot, de Colombine, si longtemps prisonniers des sentinelles prussiennes, et délivrés par notre victoire. Idée de poète et qui nous vaut d'aimables vers à la Banville. Cependant, ne touchons pas aux Watteau de Berlin. Sans doute, il nous en coûte de les voir difficilement. Mais ils sont là-bas depuis deux cents ans. Ils ont là, invisibles, une signification qu'ils n'auraient plus au Louvre. Ils y sont les témoins et les gardiens de notre histoire. Ils nous disent : « Il y a deux siècles, la France est venue jusque-là. Un roi de Prusse, un roi-soldat, voulant se donner l'idée d'une civilisation supérieure, s'entoura de ces images. Sous le ciel envieux du Brandebourg, elles apportèrent un rayon d'un plus heureux génie. Avec Watteau régna sur ces bruyères et sur ces landes la grâce de la culture française. »

Un dernier mot. Il y a quelques années, s'est élevée une controverse à propos d'un fragment reproduisant la moitié gauche de l'*Enseigne* et que possède aujourd'hui un amateur parisien (1). Il y a eu des partisans de ce qu'on a appelé le « fragment de Paris ». Le tableau, que chacun a pu voir à l'Exposition de 1900, est très beau ; Degas le trouvait « enivrant ». Je lui dois personnellement une gratitude infinie : je lui dois la révélation d'un Watteau inconnu, de moi insoupçonné, un Watteau que dans un moment j'essaierai à mon tour de vous faire entrevoir. Ce tableau a d'ailleurs toute son histoire en règle : on le suit depuis l'année 1769, où il passe à la vente de l'abbé Guillaume ; on le retrouve ensuite dans l'atelier de ce peintre rare, de cet indépendant, précurseur de Chassériau et de Gauguin, ce mystérieux M. Auguste, tant admiré de Delacroix et dont les précieux pastels sont le joyau secret du musée d'Orléans ; de là, il passe dans la collection du baron de Schwiter, autre bon connaisseur, ami de Delacroix. C'est donc, en tout état de cause, un tableau qui a ses titres de noblesse. Pour la question d'attribution, je renvoie aux brochures excellentes de M. Alfassa et de M. Alvin-Beaumont, ainsi qu'aux études de M. Dacier et de Paul Leprieur. L'opinion contraire, celle qui tient pour original le fragment de Paris, est principalement représentée par M. André Maurel, qui la défend avec beaucoup d'adresse.

Je reprocherais même à son raisonnement un excès de subtilité. Mais j'ajoute que la place du tableau parisien, qui n'a jamais quitté Paris, est au Louvre, dont il est digne.

**

L'*Enseigne de Gersaint* occupe dans l'œuvre de Watteau une place exceptionnelle. C'est son œuvre maîtresse, une des plus belles peintures du monde, peut-être le point de départ de toute une œuvre qui aurait pu être, que Watteau n'eut pas le temps de faire et que personne après lui n'aura réalisée.

On voit parfois les maîtres, sur la fin de leur vie, se résumer dans une seule page qui offre l'abrégé de leurs expériences, le résultat de longues recherches, la somme de leur savoir et de leurs certitudes : ce sont les *Syndics* de Rembrandt, les *Ménines* de Vélasquez, la *Vierge de Saint-Jacques* qui décore comme un dernier rêve l'autel de la chapelle funéraire de Rubens. L'*Enseigne* a ce sens-là dans l'œuvre de Watteau. Mais ce que ses devanciers firent au soir de leur vie, dans la sérénité d'un labeur qui fait ses comptes, rejette, élimine et se recueille afin de léguer à l'avenir un testament, Watteau le fait jeune encore, à l'âge où les autres hommes cnt devant eux beaucoup d'années à vivre, où l'on invente, où l'on découvre, où l'on peut progresser, inaugurer encore, — si bien que cette œuvre dernière est moins une conclusion qu'un merveilleux prélude, comme l'ouverture d'un opéra laissé interrompu par la mort d'un Mozart ou d'un Claude Debussy.

L'œuvre est entièrement nouvelle dans l'œuvre de Watteau et d'ailleurs sans exemple dans la peinture française. La donnée est si simple qu'elle en devient indescriptible ; c'est tout uniment un portrait de la boutique de Gersaint, telle que les passants pouvaient l'apercevoir de la rue. Tout, nous dit ce marchand, en était fait d'après nature. Une pièce carrée avec une porte vitrée au fond, donnant sur l'intérieur et l'arrière-boutique ; des tableaux et des glaces occupant tous les murs ; à droite, un comptoir derrière lequel une vendeuse fait l'article et présente à des clients un miroir et une boîte en laque de Chine ; au fond de la scène, côté jardin, un couple d'amateurs qui examinent un tableau ; vers la gauche, des ouvriers qui emballent un portrait et une glace, tandis qu'un crocheteur, son crochet aux épaules, attend pour emporter la caisse ; enfin, au centre, au premier plan, du côté cour, si vous voulez, une nouvelle cliente qui entre tandis qu'un cavalier s'approche

la main tendue et la reçoit sur le seuil : ajoutez
enfin le chien roulé en cercle à droite pour
achever l'équilibre de la composition, voilà au
grand complet tous les personnages du tableau.
C'est, encore une fois, une scène de la vie parisienne, un spectacle de tous les jours, le plus
ordinaire qui se puisse imaginer : il s'en passe
de pareils sous nos yeux à longueur de journée
dans toutes les boutiques où vont les élégantes ;
le chef-d'œuvre est tout fait. Il ne manque
qu'un Watteau pour le voir.

L'œuvre, nous dit Gersaint, fut créée avec une
allégresse et un bonheur inouïs, presque sans
préparation, sans aucun de ces doutes et de ces
repentirs qui ralentissaient à l'ordinaire le travail de l'artiste et qui plus d'une fois l'en dégoû-
tèrent avant la fin. Mais, comme il arrive dans
ces cas d'exceptionnel succès, ce chef-d'œuvre
n'était improvisé qu'en apparence ; il répon-
dait à de longues recherches, aux préoccupa-
tions inconscientes de toute une vie. Comme
l'*Embarquement pour Cythère* dans son œuvre
lyrique, l'*Enseigne* est l'aboutissement de tout
un lent travail d'élaboration intérieure. Seulement, cette fois, les traces en échappent davantage.

Tout d'abord, le sujet est spécifiquement de
nature ou d'essence flamande. Comme l'*Em-*

barquement se rattache à Rubens et, par delà
Rubens, à Titien et à Giorgione, le thème de
l'*Enseigne* est un motif classique de l'école
d'Anvers. Téniers, Gonzalès Coques, dix autres
l'ont traité dans une vingtaine d'ouvrages connus de tout le monde, dans les musées de Vienne,
de Madrid et de la Haye. Et il est curieux de
voir que le dernier ouvrage de Watteau sur ce
pont Notre-Dame, où il avait fait ses débuts
en peignant de faux Flamands, est encore un
retour vers ses origines nationales, comme si,
au moment de mourir, il retrouvait dans son
cœur l'appel des voix de la race.

C'est donc une œuvre venue de plus loin
que lui-même, et où se mêle quelque chose de
ce qui fait une tradition. Mais comme l'artiste
y ajoute du sien et comme, sans y songer, il
transforme le sujet ! Ce sujet, pour Téniers,
n'est que ce qu'il paraît être : une description de tableaux, une sorte de catalogue illustré, dont tout l'intérêt (très réel pour nous autres
historiens) est de nous donner un « état » de la
galerie d'un archiduc ; au point de vue pittoresque, de faire une série de copies en miniature
qui imitent avec esprit la manière des différents
maîtres. Watteau relègue cet inventaire dans
l ombre, au second plan ; ce qui était le sujet
officiel de l'ouvrage n'en est plus que le prétexte,

onnaît vaguement dans le demi-jour où elles s'ébauchent des silhouettes connues : un *Mariage mystique* de l'école de Véronèse, une *Danaé*, une *Léda*, un *Mercure et Argus;* il y a une *Adoration des Mages*, une *Bethsabé* ou une *Suzanne*, un *Faune poursuivant Syrinx*, quelques grands paysages dans le goût décoratif de d'Arthois ou d'Actschellinck ; on distingue quelques portraits qui peuvent être à volonté de Van Dyck ou de Vélasquez. On reconnaît même des motifs personnels de Watteau : un arrangement du *Chartreux*, une figure d'Arlequin, une nymphe endormie qui rappelle la gravure du *Sommeil dangereux*. Tout cela, défini en quelques touches spirituelles, évoqué plutôt que décrit, comme un rappel de thèmes antérieurs qu'un musicien écarte au début d'une symphonie. En effet le sujet de Watteau est ailleurs ; ce n'est plus là pour lui que le décor, le passé. Il assemble une dernière fois le concile des maîtres, pour l'humilier devant la vie.

« Tout était fait d'après nature... » Comme toujours avec Watteau, selon le procédé rapporté par Caylus, le tableau a été précédé d'études, de tout ce travail de dessins auxquels nous le voyons réserver ses matinées, à l'heure où naissent les idées et où il trouve ce qu'il appelait ses « pensées ». Nous ne savons

pas s'il a fait cette fois un dessin d'ensemble.
Des études pour l'*Enseigne*, il ne nous en est
parvenu que deux, qui appartenaient l'une et
l'autre au peintre Henry Michel-Lévy. La première, gravée dans le recueil de Julienne, représente la femme vue de dos qui examine le tableau
ovale posé à terre ; c'est une sanguine assez
ancienne et que je croirais volontiers de la jeunesse de Watteau. La seconde est un croquis
exécuté en quelques traits pour la figure de
l'emballeur qui apporte la glace : croquis impatient, impérieux et visiblement fait immédiatement pour le tableau. Entre ces deux dessins
s'étend un intervalle d'une dizaine d'années. Je
ne veux pas dire que l'*Enseigne* a été méditée
pendant tout ce temps-là, mais qu'elle a été, à
l'insu de Watteau, préparée et mûrie. Les se-
mences en remontent à son adolescence.

Il y a plus : on se rappelle ces deux dessins
du Louvre, la *Boutique du barbier* et celle du
Marchand d'étoffes, dessins qui remontent sans
doute aux débuts de Watteau, lorsqu'il travaillait chez Gillot (1). Ces dessins ne sont ni
l'un ni l'autre, comme on a eu le tort de l'écrire,
des « études » pour l'*Enseigne*. Mais ils témoignent à l'avance du genre de recherches auxquelles répondra ce tableau. On y trouve déjà
quelques traits de l'*Enseigne* : le comptoir à

droite, la vendeuse avec son attitude enga-
geante, le pilastre qui limite la composition. Dès
ce temps-là, c'est-à-dire dès 1704 ou 1705, Watteau entrevoyait cette chose entièrement nouvelle : le tableau de « genre » noble, le tableau
hollandais ou flamand, mais refait à la parisienne, le tableau qui serait, sans plus, la peinture de la vie, mais auquel le raffinement des
mœurs, la grâce des modèles, l'art instinctif de
ce pays donneraient un nouveau prix et une
élégance imprévue.

Tout jeune, à vingt ou vingt-deux ans, il avait
eu l'intuition de ce réalisme aristocrate et la
perception de cette fugitive beauté qui erre
familièrement dans les rues de Paris. Seulement il n'était pas de force à la réaliser encore ; ou peut-être des passions, des idées
amoureuses, les délicieuses chimères de la
vingtième année, lui avaient caché pendant
longtemps ce qu'il avait découvert d'abord. Il
avait oublié, pour chanter sa chanson, tout ce
qui n'était pas elle, tout ce qui n'était pas lui.
Longtemps il avait cru trouver, pour le consoler de la vie, une source intarissable de poésie
dans son cœur. Et maintenant, voici qu'il se
rapprochait de la vie. Au moment de la quit-
ter, cette vie toute simple, telle qu'elle est, lui
paraît la meilleure et la plus belle des choses.

Longtemps, il l'avait fuie ; il l'avait toute passée
à lui chercher des alibis, rusant, lui substituant
un monde imaginaire de bonheur et d'amour.
Il le plaçait bien loin, là-bas, derrière les hori-
zons bleus de son *Départ pour Cythère*. Et voilà
que cette Cythère n'était autre que la réalité
elle-même ; c'était là cette joie, c'était là cette
beauté qui allaient lui échapper, et lui parais-
saient, dans cette fuite, plus douces que jamais
sous la lumière du jour.

Il faudrait revenir à loisir sur chaque personnage de ce tableau si simple et vraiment extraor-
dinaire ; il faudrait se demander quels en sont
les modèles — le gentilhomme en habit puce
que l'on assure être Lancret, la dame assise en
mantelet noir et qui a le profil charmant de
Mlle Haranger. Il faudrait analyser le rythme
de la composition : à droite, les deux groupes
de personnes qui achètent et qui vendent ; à
gauche celui des emballeurs qui mettent en
caisse et expédient ; au centre, servant de lien
à ces deux parties symétriques, le couple délicieux de la cliente qui franchit le seuil et jette
un regard négligent sur le tableau qu'on emballe, tandis que le cavalier qui l'attend va
la conduire faire son choix. La scène de mœurs
est exquise et laisse loin derrière elle les œuvres
les plus fameuses de Terborch et de Pieter de

Hooch. Il faudrait définir cette ingénieuse économie qui fait qu'à une figure de face répond une figure de dos, avec ce mouvement de la feuille d'olivier agitée par un souffle, tournant tantôt sa face d'émeraude, tantôt son revers d'argent. Il resterait à dire un mot de la beauté prestigieuse de l'exécution et du dessin : le prix de chaque locution, la justesse des accents, l'émail léger des chairs, souligné çà et là, dans la fièvre du travail, par un trait de vermillon pur, comme d'un coup de sanguine, — la précision indescriptible et la vivacité du style, la gamme des valeurs, l'atmosphère aérienne, le vide monochrome, d'une exquise tonalité blonde, sur laquelle chante délicieusement une seule note pure : le rose fleur-de-pêcher de la femme qui entre, couleur qui se résout, sur le taffetas blanc de la jupe pékinée de la cliente assise, en rayures d'arc-en-ciel alternativement roses et vertes. On pourrait encore étudier le rôle des bruns et des gris, la science consommée de l'orchestre coloré, la valeur subite d'une laque pure, sur la boîte de Chine, dont l'ardeur transparaît et circule partout sous la modération nacrée de tout le reste. Mais comment dire le sortilège qui fait que cet épisode banal est un tableau fougueux, que cette vignette de journal a la valeur d'une

vision, et cette sorte de miracle qui donne à
ce morceau de pure réalité un air de poésie et
d'apparition?

C'est que cette œuvre impersonnelle est en
réalité une de celles où Watteau a mis le plus
de lui-même. Œuvre, nous dit Gersaint, faite
par distraction, « pour se dégourdir les doigts ».
— C'est peut-être, de tout Watteau, la seule où
l'on distingue un manifeste et un programme.
La boutique de Gersaint s'intitulait *Au Grand
Monarque*. Le portrait qu'on emballe est un
portrait de Louis XIV. Obsèques, ironiques
funérailles du grand siècle, acte de naissance
d'un nouveau goût. Sur ce pont Notre-Dame
où il avait passé de si longs jours, subi tant de
misères, tant senti, tant vécu ; dans cette boutique où il avait connu Lesage et Marivaux,
Sirois, Gersaint, Julienne, Crozat ; entre ces
murs où il admirait les maîtres d'autrefois, où il
a vu, émerveillé, les grâces de la Parisienne, sa
vie repasse dans un éclair : à la veille de mourir,
il la résume tout entière dans ce décor qui
fut le théâtre de toute son existence, — les
Vénitiens et les Flamands, Véronèse et Rubens,
toutes ses admirations et toutes ses amitiés,
tout son génie et tout son cœur. Et c'est ce qui
fait la passion de ce double adieu à l'art et à
la vie.

* *

A partir de ce moment, Watteau ne fait plus que languir. Ses scrupules, ses ennuis renaissent. Au bout de six mois, il craint d'incommoder Gersaint et le prie de lui chercher une nouvelle retraite. C'était au début de l'hiver 1721. C'est là, on ne sait où, probablement chez Hénin, que la Rosalba vint le voir vers la mi-février pour faire son portrait. Bientôt, il n'y tient plus, se figurant toujours qu'il serait mieux ailleurs. Le printemps approchait, — le dernier printemps de Watteau ! Le peintre s'imagina qu'il recouvrerait la santé à l'air de la campagne. Son ami Haranger, chanoine de Saint-Germain-l'Auxerrois, avait un paroissien, M. Le Febvre, intendant des Menus, qui sans doute connaissait Watteau et consentit à le recueillir dans la belle demeure qu'il avait à Nogent.

Cette maison n'existe plus. Bombardée pendant l'autre guerre par les canons allemands en batterie sur les hauteurs de Champigny contre le fort de Nogent, elle a été remplacée il y a cinquante ans par une villa moderne appartenant à M. Pagis, et qui porte aujourd'hui dans la Grande-Rue du village le numéro 76 (1). Mais le jardin subsiste intact, avec l'étagement

de sa triple terrasse, dont les rampes expressives
épousent la pente du coteau descendant vers
la Marne, avec ses vieilles allées régulières de
tilleuls, ses vieux arbres et ses vieux rosiers qui
tous les ans ne se lassent pas de pousser de jeunes
roses. La vue s'est rétrécie, les taillis ont poussé ;
des bâtisses modernes obstruent le regard vers
le midi ; du côté du village, on a peine à distinguer entre les toits la jolie aiguille blanche de
la flèche du douzième siècle qui signale l'église
où repose Watteau. Mais vers l'est les grandes
lignes de l'horizon n'ont pas changé : le gracieux
paysage de la boucle de la Marne, où l'île de
Beauté s'enchâsse comme le chaton d'une bague,
se développe toujours tel que Watteau l'a vu,
quand ses derniers regards se reposaient au delà
des prairies du Tremblay, sur le cercle délicat
des collines de Polangis.

Le 3 mai il était encore à Paris, fort souffrant.
Il écrit ce jour-là un billet à Julienne ; il se plaint
d'insomnies et de douleurs de tête. Il a cependant quelques « bagatelles » à montrer à Mme de
Julienne, des paysages à la sanguine qui lui
plaisaient, dit-il, parce qu'il en a fait les « pensées » devant elle à Nogent. Elle l'avait donc
mené, probablement dans sa voiture, pour mé-
nager ses forces et satisfaire son impatience,
reconnaître la maison où il allait mourir.

*
* *

Deux auteurs, le grand romancier anglais Walter Pater dans ses *Portraits imaginaires* et M. Edmond Pilon, dans une charmante plaquette, se sont plu à imaginer les derniers instants de Watteau. Je m'en tiendrai aux quelques traits qui nous sont attestés.

Jamais il ne fut plus charmant qu'en ces moments suprêmes. Une détente, un détachement s'opéraient dans cette âme malade, à mesure qu'elle approchait du port. Il fait brûler quelques dessins qu'il juge d'un caractère trop libre. Il se réconcilie avec Pater, son ancien élève, se reprochant de l'avoir autrefois maltraité. Il le rappelle de Valenciennes. Pater avouait plus tard que tout ce qu'il a su, c'est dans ce peu de jours qu'il l'apprit. Peut-être le génie de Watteau, jusqu'alors un peu égoïste ou un peu absorbant, — peut-être simplement trop vif pour se prêter à la lenteur des progrès d'un élève, — éprouve-t-il à cette heure quelque paternelle douceur, une quiétude à se prolonger par une filiation spirituelle... Gersaint venait le voir tous les deux ou trois jours, et lui apportait les nouvelles. Les brouilles, les lubies, les quintes, les ombrages de la vie, disparaissent. Le Watteau bilieux, mordant, fantasque, misanthrope n'était plus, comme dit Caylus, que « le Watteau de ses tableaux » : le malade s'en allait, il ne restait que le berger.

Il ne travaillait presque plus. Les forces déclinaient de jour en jour. Dans cet état, un désir suprême agita devant lui une lueur d'espérance : il crut qu'il guérirait s'il pouvait encore une fois respirer l'air natal. Cette illusion de moribond caressa ses heures dernières. Après avoir tant désiré, il mourut désirant.

Sa dernière joie lui vint de l'art. Julienne lui avait prêté une copie manuscrite des lettres de Rubens : c'était le livre de chevet de ses nuits sans sommeil. Mais un admirateur lointain lui fit un don plus précieux. Dans une lettre sans date, mais que tout porte à croire de ses moments extrêmes, il prie Julienne de remercier de sa part l'abbé de Noirterre pour le présent qu'il lui fait d'une esquisse de Rubens, cette toile « où il y a les deux têtes d'anges et au-dessous, sur le nuage, cette figure de femme plongée dans la contemplation ». Il ajoute : « Depuis ce moment où je l'ai reçue, je ne puis demeurer en repos, et mes yeux ne se lassent pas de se retourner vers le pupitre où je l'ai placée comme dessus un tabernacle. » Humilité touchante d'un maître envers un maître ! Watteau fait à Rubens un autel dans sa chambre, comme il lui en a déjà dressé un dans son cœur. Du premier au dernier jour, du pavillon du Luxembourg à la maison de Nogent, il demeure fidèle au culte de sa vie. A défaut de Valenciennes, il retrouvait son père. Son art, c'est encore sa patrie.

Ce sentiment ranima dans ce corps aux trois quarts éteint la dernière étincelle. Pour s'acquitter envers son bienfaiteur, le malade retrouva des forces. Il fit pour l'abbé de Noirterre une *Sainte Famille*. Le tableau existe encore. Acheté par le comte de Brühl, ministre de Pologne, il se trouve aujourd'hui au château de Gatschina, près de Saint-Pétersbourg. Le tableau, d'après les gravures, offre tout le charme des madones italiennes de Van Dyck.

Ce n'est pas le seul tableau religieux de Watteau. Caylus parle d'un *Christ en croix* peint pour le curé de Nogent. « Si ce tableau, dit-il, n'a pas la noblesse et l'élégance qu'un tel sujet exige, il a du moins l'expression de douleur et de souffrance qu'éprouvait le malade qui le peignait. » C'est assez pour nous rendre inconsolables d'une pareille perte : que ne donnerions-nous pas pour entendre ce cri de l'agonie de Watteau?

On s'étonnera de voir le peintre des *Fêtes galantes* sous le jour inattendu d'un peintre religieux. C'est la faute d'un mauvais raisonnement. Watteau, comme tous les grands maîtres, a fait tout ce qui était de son art. Il est trop grand artiste pour se priver délibérément des sujets magnifiques qu'offre l'art de l'Église. L'art religieux n'est pas, comme on le croit souvent, un art spécial et « différent »; il n'est même pas sûr qu'il ait des lois particulières. Il y a un langage, — l'art, — qui se met au service de l'émotion religieuse et varie avec elle, c'est-à-dire avec le cours des sentiments humains. Il est absurde de vouloir fixer la formule d'une langue qui doit se renouveler sous peine de mourir. L'architecture religieuse, c'est tour à tour la basilique latine, l'église romane, la cathédrale gothique, Saint-Pierre de Rome, le style jésuite, et il n'y a aucune raison de convenance religieuse pour condamner aucune de ces formes successives. Cela est aussi vrai de la peinture et de la musique, dont l'histoire n'est jamais (religieuse ou profane) que celle de notre sensibilité.

Watteau était bon catholique, étant de cette Flandre

Où vinrent s'asseoir les ardentes Espagnes.

Goncourt cite de lui une dizaine de compositions religieuses faites à diverses époques de sa vie. Il ne cite pas la seule qui soit à Paris, où elle est cependant à la portée de tout le monde. Au bas de la rue Mouffetard, dans le quartier des Gobelins, presque au bord de la rivière de Bièvre, la jolie église de Saint-Médard offre un des rares coins intacts qui subsistent du vieux Paris. Elle s'élève toute grise, vieillotte et vénérable, au milieu d'un petit square planté d'acacias, reste d'un cimetière qui eut son heure de célébrité : c'est là que fut enterré le fameux diacre Paris. Dans cette province reculée, la grande école de Port-Royal finissait dans le scandale d'une secte de convulsionnaires. Cette vieille paroisse janséniste était celle de Julienne, qui en était marguillier. Watteau y habita, selon une tradition constante, sans doute en 1717, lorsqu'il peignait pour son ami le second *Embarquement*, dans une maisonnette toute proche de l'église, au 27 de la rue Broca.

Allez là. Dans une chapelle de la vieille église, vous trouverez un petit autel fort simple de bois blanc, d'un goût rocaille très modéré, sobrement orné de moulures que relève un filet d'or. Sous la courbe du fronton convexe, cantonné de pots à feu dorés, s'encadre un grand tableau cintré représentant un paysage. Le jet calme et lisse des charmes s'élève dans l'espace avec la paix d'un air de flûte : c'est exactement le paysage de l'admirable tableau d'Angers. Au pied des arbres, une jeune bergère est assise, tournant les pages d'un in-folio posé sur ses genoux. Son troupeau non loin d'elle repose sur la prairie ; sa houlette inutile charge à peine sa main charmante. Les tempes sages, les yeux baissés, les bras paisibles autour du corsage modeste, on ne voit de ce chaste fantôme, sous la crasse des ans, que des lignes qui sont toutes des lignes reposantes. Toute seule dans la campagne, elle a quelque chose de la chute d'épaules de la *Belle Jardinière*. Et l'ovale du visage, le geste de la main, rappellent ceux de la jeune couseuse de l'*Occupation selon l'âge*... Une banderole en lettres d'or fait lire au-dessus du tableau la devise latine, *Pascitur et pascit* : « Elle paît et elle paît. » Rien n'a bougé depuis deux siècles, ni la sainte dans sa lecture, ni les moutons dans la prairie, ni le petit autel blanc dans la vieille église grise. Le temps seul, qui semble suspendu dans ce coin solitaire, dépose peu à peu son impalpable cendre sur cette vision de sainte Geneviève, où Watteau, lorsqu'il vivait au pied de sa colline, à la prière de Julienne, a peint la figure rassurante de la sainte bergère de Paris.

***

Dès lors, il n'avait plus rien à dire. Dans ses œuvres religieuses, la *Sainte Famille*, le *Christ en croix*, ses dernières prières de malade, il avait fait son sacrifice : il se résignait. Après sa paix avec la vie, il la faisait avec la mort. Ses forces le trahirent tout à coup. Son dernier mot fut un mot de délicat, d'artiste — et pourtant si pieux, si tendre ! Quand le curé de Nogent approcha le crucifix de ses lèvres mourantes, le pauvre homme trouva la force de murmurer : « Otez-moi ce crucifix, il me fait pitié. O Dieu ! Est-il possible qu'on ait si mal accommodé mon maître? »

Mot naïf, mot profond, suprême expression d'une âme qui n'avait battu que pour la beauté et pour qui le seul crime est la sottise et la laideur. Seigneur, pardonnez-leur, ils ne savent ce qu'ils font !...

Il s'éteignit doucement entre les bras de Gersaint, le 18 juillet 1721. Crozat annonça la nouvelle à la Rosalba par ces lignes navrées : « Nous avons perdu le pauvre Watteau. Il est mort le pinceau à la main. Ses amis qui doivent publier un discours sur sa vie et son rare mérite ne manqueront pas de rendre hommage au portrait que

vous lui avez fait peu de temps avant sa mort. »
Le mourant avait partagé ses dessins, comme son
plus précieux héritage, entre ses quatre meilleurs amis. Le reste de ses effets ne montait pas
à 3 000 livres.

*
* *

Le portrait de la Rosalba est perdu. Peut-être
en reste-t-il une ombre dans un pastel de la collection Groult, attribué à Vien. Pour les autres
portraits, je n'entre pas dans une discussion
critique. Je ne retiens ici que les portraits indis-
cutables. Ce sont :

1º Le portrait de Watteau qui est au centre
du tableau de la *Conversation*. Il y en a un dessin
à l'École des Beaux-Arts.

2º Le portrait de Watteau peignant dans un
bosquet, à côté de Julienne faisant de la musique.
C'est le tableau gravé par Tardieu en tête de
l'œuvre de Watteau. Un exemplaire fatigué de
cette peinture, récemment trouvé dans le Midi,
appartient à M. Alvin-Beaumont.

3º Un autre portrait dont je parlerai tout
à l'heure. Ces trois tableaux paraissent être
à peu près de la même époque : 1710-1712.

4º Le portrait de Watteau dessinant, la sanguine à la main, portrait gravé par Boucher en
tête des *Figures de différents caractères*. C'est

celui que Julienne tient dans le tableau de Jean-François de Troy au musée de Valenciennes. Un dessin de ce portrait, également par Boucher, est au musée de Chantilly (1).

Ce portrait, le plus célèbre de tous, peut nous représenter Watteau vers l'âge de trente-cinq ans, à peu près au moment de sa réception à l'Académie. Le costume est élégant et même recherché : la belle veste fourrée, la perruque soignée sentent l'aristocratie plutôt que le bohème. Mais l'habit flotte gauchement sur un torse trop maigre ; il n'y a pas de corps sous l'étoffe, pas de bras dans la manche. La machine est déjà minée et menace ruine. La tête, comme dans tous ses portraits, offre cette attitude penchée, cet air d'inquiétude, de câlinerie, de curiosité, d'appréhension et de candeur, qui suffirait à dénoncer le malade, quand il n'y aurait pas la fièvre des prunelles dilatées et des yeux agrandis ; quand il n'y aurait pas le frémissement pénible des narines pincées et la grimace amère qui plisse le coin des lèvres fières, spirituelles et voluptueuses. Ce masque jeune et ravagé, adolescent et presque détruit, n'est plus guère oubliable quand on l'a regardé. Watteau n'est déjà plus qu'un cadavre ambulant, dont toute l'énergie se réfugie dans les yeux et dans les mains, ces mains de proie, rapides, frémissantes, crispées sur le crayon infaillible qui jamais n'hésita, avant de lui glisser des doigts.

« Il était, dit Gersaint, qui répète à peu près Julienne, il était de moyenne taille et d'une faible constitution. Il avait le caractère inquiet et changeant. Il était entier dans ses volontés ; libertin d'esprit mais sage de mœurs, impatient, timide, d'un abord froid et embarrassé, discret et réservé avec les inconnus, bon mais difficile ami, misanthrope, même critique malin et mordant, toujours mécontent de lui-même et des autres, et pardonnant difficilement. Il parlait peu, mais bien, et écrivait de même ; il aimait beaucoup la lecture. C'était l'unique amusement qu'il se procurât dans son loisir. Voilà, autant que j'ai pu l'étudier, son portrait au naturel ; sans doute son application continuelle au travail, la délicatesse de son tempérament et les douleurs vives dont sa vie a été entremêlée, lui rendaient l'humeur difficile et influaient sur les défauts de société qui le dominaient. »

Caylus ajoute qu'il n'aimait pas l'argent et n'y était pas attaché. Né timide et caustique, — qualités qui, dit-il, ne vont pas souvent ensemble, mais dont l'une n'est parfois que la forme agressive de l'autre et comme une instinctive défense — il n'avait réellement d'autre ennemi que lui-même. Et Caylus entreprend

longuement, avec ses préjugés et sa psychologie
sommaire, de décrire les procédés techniques,
les hésitations et les fautes du pauvre homme de
génie, qu'il ne pouvait guère comprendre et qui,
à travers les angoisses, les doutes, les dégoûts,
les chagrins de la maladie et d'un idéal insaisissable, à lui tout seul, comme il pouvait et sans
trop le vouloir, était venu bouleverser la peinture française.

Un révolutionnaire : je crois que nul chez nous
ne l'a été plus que Watteau. Nul ne s'est écarté
plus délibérément des leçons de l'école. De Poussin à David, de Le Brun à Delacroix, il n'y a
pas dans l'art français d'individualité mieux
marquée que la sienne. Il a engagé la peinture
pour un siècle dans des voies absolument nouvelles. Nous le verrons dans un moment : tout
le dix-huitième siècle, en dehors de Tiepolo,
relève plus ou moins de lui et dérive de lui.

Un révolutionnaire : et cependant personne
ne le fit moins exprès. Nul homme ne s'en fit
moins accroire, n'a fabriqué moins de systèmes,
ne s'est moins que lui servi de la réclame et de
la presse. Pourtant il ne tenait qu'à lui ; il connaissait Lesage et probablement Marivaux, il
pouvait user d'eux comme Titien faisait de

l'Arétin et Mignard de Molière. L'idée ne lui en
est pas venue.

Il était novateur, et sa vie s'est passée dans le
culte des maîtres. Sur quel ton de néophyte
l'auteur de l'*Embarquement* et de l'*Enseigne*
parle encore de Rubens ! Du pont Notre-Dame
au Luxembourg, du Luxembourg à l'hôtel
Crozat, chaque étape de sa carrière est marquée
par la découverte qu'il vient de faire d'un chef-
d'œuvre. Son œuvre se colore tour à tour des
reflets d'Anvers et de Venise. Génie mobile,
impressionnable, nulle beauté ne passe à portée
de ses regards, qu'il ne cherche à s'en emparer.
Son histoire pourrait s'écrire par celle des em-
prunts qu'il a faits. Et quel maître jamais fut
plus original?

Depuis qu'on nous annonce la merveille future, nous nous lassons un peu de ne voir rien
venir : nous commençons à nous méfier du chef-
d'œuvre de demain. Après un tel abus, le nom
de novateur est un peu décrié. Le véritable
novateur innove sans y songer ; il innove malgré
lui, à son corps défendant ; il n'a garde de le
vouloir : il ne sait ce qu'il veut, il ne peut autrement. Le révolutionnaire est un timide, un
douteur, c'est un éternel mécontent qui fait
des chefs-d'œuvre faute de mieux. C'est ce
Watteau honteux qui rougit de ses ouvrages

et les trouve toujours trop payés ; qui donne à son barbier deux tableaux pour une perruque, et se reproche encore de faire une trop bonne affaire (1). C'est ce Watteau si ingénu, si incapable de conduire sa fortune, qu'il ne sait même se donner le soin de régler un ménage, et qu'il va, comme La Fontaine, sans domicile fixe, au hasard des amitiés qui veulent bien le recueillir. Et comme Caylus le sermonnait sur son imprévoyance, il a ce mot désarmant : « Eh bien ! Le pis-aller, n'est-ce pas l'hôpital? On n'y refuse personne. »

Telle est cette figure de rêveur, auteur d'un des plus grands changements qu'ait subis le goût en Europe. On s'y trompe souvent, parce qu'il n'a fait la plupart du temps que de petits tableaux. Mais il pouvait en faire de grands, — il en a fait d'ailleurs d'aussi beaux que personne, — et peut-être qu'une part de son mérite est de s'être adapté exactement au cadre que lui faisait son temps. *Parva, sed apta :* cette devise se lit sur le fronton de Bagatelle. C'est la devise du siècle. Et qui s'est jamais avisé de mesurer à l'aune le prix d'une œuvre d'art? Il y a plus de peinture dans l'*Indifférent* de Watteau, que dans les *Horaces* ajoutés aux *Sabines* de David, — comme il y a plus de musique dans une berceuse de Mozart que dans une partition de Liszt

ou de Tchaïkowsky. En dehors du grand art
décoratif à la Rubens (et cet art est proscrit
par l'architecture et le goût du dix-huitième
siècle) il n'y a place que pour le portrait ou le
tableau de cabinet. Dans ces dimensions, qui
sont celles des trois quarts de la peinture hollandaise et des tableaux de Giorgione, comme de
presque toute la peinture moderne en général,
quel maître est au-dessus de Watteau?

Il est peut-être le premier en France qui ait
tiré de lui-même la matière de son art, et fait
entièrement son œuvre à son image. A cet égard
l'absence de « sujet » dans sa peinture est tout
à fait prodigieuse. On sait qu'il n'aimait pas les
sujets commandés. Mais, chez les peintres qui
fuient le plus les tâches imposées, chez un Rembrandt ou un Poussin, il y a un résidu d'histoire,
une armature ou un support livresque, un fon-
dement tiré de Plutarque ou de la Bible, et qui
vient au secours de l'imagination. Watteau ne
raconte jamais rien que lui-même. Il nous décrit
le monde un peu tel qu'il l'a vu, et surtout
comme il l'a senti. C'est par là que son entreprise diffère profondément de celles qu'on pourrait être tenté de comparer à la sienne. De tous
les peintres de mœurs flamands ou hollandais, de
Téniers, de Brouwer, de Terborch, de Metsu, de
Vermeer, lequel peut-on dire qu'il lui ressemble?

Seul il a élevé la peinture de la vie dans ce domaine où le réel, par on ne sait quel charme, se confond avec la poésie ; où l'existence, sans rien perdre de ses attaches avec la terre, n'est plus qu'un beau poème d'amour. Seul il a, sans mentir, pu représenter la vie comme une vision de Champs Élysées, où les âmes ne sont occupées, dans des corps toujours jeunes, qu'aux calmes rêveries de la joie, de la tendresse et du désir. Il l'a pu, parce qu'il était lui-même fait ainsi. Son art, comme sa vie, est de l'étoffe des songes.

*
* *

Il y a un tableau de Watteau, — c'est le portrait dont je parlais tout à l'heure, — qui me paraît propre entre tous à faire comprendre ce que je veux dire. C'est un tableau un peu bizarre et un peu romantique, un tableau de jeunesse qui appartient aujourd'hui à l'admirable collection de M. David Weill. L'œuvre n'a pas été gravée ; mais l'authenticité est établie par un dessin qui se trouve également dans la même collection.

On y voit l'artiste au travail, à son chevalet, dans un grand paysage ; un fond de rochers arides remplit toute la gauche du tableau. A droite, le spectacle est différent : ce sont d'abord

quatre danseurs qui esquissent, en costumes
champêtres, une ronde sur le gazon ; derrière,
sur des nuées de théâtre qui envahissent la
scène, voici qu'apparaissent à l'artiste tous les
personnages de son œuvre : ceux de la pastorale
et de la comédie, ceux des tréteaux et des fêtes
galantes, Arlequin, Colombine, Finette, Scaramouche, mêlés aux faunes et aux nymphes demi-
nues de la fable, et que domine, au sommet de
cette apothéose, une Vénus en grand gala
d'opéra de Lulli. Derrière elle, dans l'ombre,
Mezzetin souffle le blême soupçon à Pierrot qui
pâlit dans sa face lunaire. Et l'artiste, devant
cette vision de son œuvre, s'écroule en se tor-
dant les bras d'impuissance et de désespoir.

C'est le rêve de Watteau, — et l'on ne pouvait
dire plus nettement que toute l'œuvre du maître
n'est qu'une création intérieure. Mais ce rêve ne
fut pas seulement le sien. Watteau n'a pas formé
d'élèves : son compatriote Pater, ce fin Parisien
de Lancret ont répété ses thèmes, en y mêlant
toujours, dans leurs œuvres les plus piquantes,
une pointe plus ou moins sensible de sécheresse
ou de vulgarité. Ces peintres brillants, fort inu-
tiles, ne servent qu'à montrer ce qu'il y avait
d'incommunicable dans le génie du maître. Je
préfère souvent les œuvres d'un Olivier ou d'un
Bonaventure de Bar, morts très jeunes, mais

dont le talent a du moins le charme de la jeunesse.

Mais en dehors de ses imitateurs directs, l'influence de Watteau fut immense. De son vivant, presque tous les artistes avaient de ses tableaux : il y en avait chez Coypel, chez Audran, chez Massé, chez Oppenord, chez Hénin. Une fois mort, toute la nouvelle génération se met à graver à l'eau-forte ses peintures et ses dessins : Boucher, Jeaurat, Liotard, Lépicié, — toute l'équipe de Julienne qui entrera en scène à la réouverture des Salons en 1737. Et ces estampes à leur tour se répandent, volent par l'Europe, dans tous les portefeuilles d'artistes, suscitent bien loin de Paris de nouvelles imitations de Watteau.

Il serait facile de montrer dans toute la peinture du dix-huitième siècle les thèmes de Watteau. Ils foisonnent chez Boucher — surtout dans son œuvre maîtresse, celle de l'incomparable tapissier de Beauvais. On les retrouve chez Leprince comme chez Liotard, chez de Troy comme chez van Loo, dans les meilleurs tableaux de Greuze comme dans le Fragonard desbons jours. On les reconnaît hors de France chez le ravissant Gainsborough, quelquefois même chez un Goya. La suite des tapisseries du Buen Retiro est pleine de l'esprit de Watteau. Les *Mañolas* de Lille font un geste d'ombrelle qui vient des *Figures de modes*. Et ce duo en rose et noir, où l'on voit un Goya muscadin faire sa cour à la duchesse d'Albe, exhale un arome pimenté où reste pourtant discernable le parfum plus tendre des *Fêtes galantes*.

Mais ce ne sont là que des faits, c'est-à-dire peu de chose. La vraie influence de Watteau est autrement profonde. Pour un siècle, et le premier en France, il a défini la peinture comme un art s'adressant à la sensibilité. Jusqu'alors, la peinture française était surtout une leçon d'ordre intellectuel. « Un beau discours, une noble histoire, un grand sermon », on n'a jamais mieux dit sur Poussin que Bernin. La peinture a la prétention d'instruire, d'enseigner une morale éloquente. Elle n'oubliait que de bien peindre. Nous avons vu par suite de quel dégoût des idées, de quelles tranformations multiples, cet idéal était en train de disparaître. Nous arrivons au temps où on va entendre sur la scène ce dialogue de *la Fausse Suivante* :

LA COMTESSE

Pardonnez à mon ignorance. *Je ne savais pas la différence qu'il y a entre connaître et sentir.*

LÉLIO

Sentir, madame, c'est le style du cœur...

Ces deux lignes sont de Marivaux et datées de 1724. Et en voici deux autres de la charmante Aïssé, la douce esclave grecque de M. de Férioles. « Il y a ici un nouveau livre intitulé *Mémoires d'un homme de qualité*. Il ne vaut pas grand chose, *cependant on en lit cent quatre-vingt-dix pages en fondant en larmes*. » Ces cent quatre-vingt-dix pages qui avaient ce succès de larmes, c'est l'histoire de *Manon Lescaut*.

Tout cela aux environs de la mort de Watteau. « L'âme française, écrit Michelet, jusqu'alors un peu sèche, refroidie par le convenu, l'artificiel, gagne un degré de chaleur. » Il l'écrit de Rousseau et de la *Nouvelle Héloïse*. Mais, vraie en 1760, sa phrase l'est plus encore du temps de la Régence. De cette transformation, l'œuvre de Watteau est encore l'expression la plus parfaite, moins trouble et moins flétrie que dans la pauvre Manon, moins maniérée et plus touchante que chez les Sylvia de Marivaux. Grâce à lui l'art de peindre trouve une base nouvelle. Il invente un ordre inédit, une valeur de sentiment. Par là, pas de sujet si humble qui ne devienne digne de notre intérêt, pas un que nous ne puissions revêtir de beauté. Et ce sera le grand mot de Chardin : « Qui vous a dit, monsieur, qu'on peignait avec des couleurs? *On se sert de couleurs, on peint avec le sentiment.* » Et cela est si vrai que les fils authentiques de Watteau ne sont même pas des peintres : c'est toute l'école de « genre » à la française, les Baudoin, les Deshays, les Roslyn, les Lavreince, tous les aquarellistes, gouachistes, dessinateurs et les petits graveurs, Eisen, Cochin, Gravelot, Moreau le Jeune, Saint-Aubin, Debucourt, — c'est toute une tradition de réalité élégante, qui se prolonge jusqu'à Gavarni, et que nous devons à Watteau.

Chose curieuse ! Le réalisme était dans l'air à cette époque. Aux environs de 1700, toute la France imitait la Flandre ou la Hollande : mais elle n'y puisait que lourdeur, trivialité. Pour affiner ce réalisme, pour l'aiguiser d'esprit, d'urbanité, de sentiment, il faut ce quasi-étranger, ce demi-Flamand de Watteau. Comme Greco à Tolède ou van Dyck à Windsor, c'est lui qui trouve, crée le goût national et donne à notre école le moyen d'être elle-même : il l'a francisée, mieux encore, parisianisée.

Et cette action s'étend, je le crois, plus loin encore : elle déborde en partie le domaine de la peinture. Qui peut, sans songer à Watteau, sans y reconnaître le souvenir d'une de ses images, lire certaines pages des *Confessions* de Rousseau, comme la journée d'idylle entre Mesdemoiselles Galley et de Graffenried ou, dans le

voyage à Turin, voir Jean-Jacques aux pieds
de Madame Basile? Qui pourrait, sans penser à
Watteau, dans la comédie de Beaumarchais,
écouter certaines scènes de Chérubin et de la
comtesse, d'un tour délicieusement « romance »
et troubadour? Rappelez-vous la chanson sur
l'air de Malbrouck, le petit page déguisé en
fille :

> *J'avais une marraine,*
> *Que mon cœur, mon cœur a de peine!...*

Et ce n'est pas tout. Ce thème charmant, il
va être repris bientôt par un être de génie qui
en fera une chose ailée et immortelle : et sous
les notes de Mozart, c'est encore l'âme de Watteau qui chante dans l'air de la Comtesse et dans
l'air de : *Mon cœur soupire...*

Il resterait un dernier chapitre à esquisser :
l'histoire de la gloire de Watteau, ou plutôt son
éclipse pendant la tyrannie de David et la domi-
nation de la mode impériale. Il y aurait encore
là plus d'une nuance à introduire, plus d'une distinction à faire. On verrait que les vrais amateurs, un baron Denon, un cardinal Fesch, sans
parler des Anglais, jamais ne manquèrent à
Watteau. Le mépris ne fut que le fait d'un petit

nombre de fanatiques. Mais prenons garde !
Aujourd'hui que Watteau fait aux enchères
publiques des prix d'œuvres de Rembrandt ou
de portraits anglais, et où ses moindres dessins se paient en milliers de dollars, sa gloire
n'est pas moins en danger qu'au temps où les
fureteurs les ramassaient pour quelques sous
dans les boîtes des quais et où l'*Embarquement
pour Cythère*, dans les salles de l'Académie, servait de cible aux boulettes de pain et de papier
mâché dont le criblaient les sans-culottes. Une
nouvelle école est née, école d'abstracteurs, race
ennemie de la nature, qui prétend disséquer la
vie et la reconstruire sur la toile selon les lois
de la pure raison. Cette école, fatiguée des im-
provisations de l'impressionnisme, comme de la
plate vulgarité naturaliste, refuse à l'art de
peindre le droit d'être un art d'imitation. Elle
tourne le dos à la nature et remplace toute
réalité par des pénétrations de cubes, de cy-
lindres et de polyèdres. Ces ascètes, plus intolé-
rants que les moroses disciples de Guérin et de
Girodet, veulent dénier à l'art toute puissance
émotive et tout charme d'illusion. Ils bannissent
tout ce qui est beauté, sentiment, poésie. Contre
ces faux classiques, Watteau est d'actualité. Je
n'ignore pas le péril d'un art qui se livre à la
sensiblerie. Entre ces deux excès du cœur et de

la raison, enseignez-nous, Antoine Watteau, la
mesure française du goût et de la beauté !

Au reste, j'ai tort peut-être de réduire Watteau à cette formule du sentiment. Comme tous
les grands maîtres, et plus uniquement qu'eux
tous, il nous a fait surtout l'histoire de son cœur.
Mais dans sa courte vie il a touché à tous les
genres. Il a inventé un décor pour la vie intime
et fait pour son plaisir quelques-uns des plus
puissants portraits du siècle. Il a peint la guerre
et l'amour, la comédie, la Fable. Il a fait l'*Antiope*, le *Pierrot*, l'*Embarquement*, l'*Enseigne*,
c'est-à-dire quelques-uns des plus magnifiques
tableaux qui existent dans l'univers. Il a créé un
art et une manière de sentir. Autour de lui s'est
formée une école de Paris qui succède à celles
d'Anvers, d'Amsterdam, de Venise, de Séville
et qui peut-être les égale. Contemporain de
Louis XIV (il meurt l'année où naît Mme de
Pompadour), son œuvre contient à l'avance tout
le siècle de Louis XV. Et qui sait si l'idée obsti-
nément aimable que nous nous faisons de la
Régence n'est pas encore un reflet de Watteau?
Enfin il a créé au-dessus de la vie un monde de
paix et de bonheur, une île de contemplation et
de béatitude, où palpite à jamais le plus beau
des rêves d'amour. N'est-ce pas lui faire tort
que de continuer à le traiter en petit maître?

Et qui dans l'art — à cela près qu'il n'a jamais
peint la douleur ou qu'il a le courage de dissi-
muler la sienne dans un sourire — qui donc (au
moins dans l'art français) est plus grand que cet
enchanteur et que cet éphémère?

APPENDICE

Nous avons cru bon de réunir aux quelques lignes
que nous avons conservées de Watteau, le peu de textes
contemporains qui nous parlent de lui, et qui doivent
passer pour les sources de sa biographie.

Pour les biographies du dix-huitième siècle, il n'a pas
été fait de critique sérieuse de ces documents. Le plus
important, de beaucoup, est la notice de Julienne, qui
écrivait douze ans après la mort de Watteau. Gersaint,
dans sa notice de 1744, ne fait guère que répéter
Julienne, quelquefois dans les mêmes termes ; il ne
constitue un témoignage indépendant qu'en ce qui
concerne les rapports de Watteau avec le pont Notre-
Dame, Sirois et sa boutique, l'histoire de l'*Enseigne;* et
même sur ces points, il lui arrive de se tromper.

La notice de Caylus n'ajoute que peu de chose aux
faits déjà connus par les biographes précédents. Son
principal intérêt consiste en anecdotes et souvenirs personnels, qui se glissent dans le cours d'une dissertation
esthétique assez curieuse ; c'est en effet un des premiers
textes où l'on sente le nouveau goût qui annonce l'école
de Vien et de David. Cette notice a été publiée par les
Goncourt en 1855, dans leurs *Portraits intimes du dix-
huitième siècle*, d'après une copie manuscrite. En 1887,
Paul Henry a publié un texte différent d'après le ma-

nuscrit **autographe** de la Sorbonne. Mais ce texte, dit
« original », n'est qu'un brouillon de Caylus, et d'une
langue souvent informe ; le vrai texte est bien celui de la
copie publiée par les Goncourt. Il vient d'être réédité
en une plaquette charmante des *Cahiers de France et
de Flandre* par mon ami M. André de Poncheville.

On trouvera ici :

1º **Les billets et reçus de Watteau** ;

2º Les lettres contemporaines qui nous parlent de lui ;

3º **Les mentions de l'*Almanach royal*** ;

4º **Les extraits des registres de l'Académie.**

Ces quatre espèces de documents constituent, avec
l'acte de baptême du peintre, tout ce que nous possédons sur lui de documents originaux.

I. — Lettres de Watteau.

Ces lettres ont été publiées dans les *Archives de l'art
français*, t. II, p. 210. Elles avaient été données en novembre 1812 par l'abbé de Tersan à la marquise de Grol-
lier, l'élève de Greuze, chez qui M. de Vèze en prit une
copie.

A monsieur Gersaint, marchand sur le pont Notre-Dame,
de la part de Watteau.

Du samedi.

Mon ami Gersaint,

*Oui, comme tu le désires, je me rendrai demain à
dîner avec Antoine de La Roque, chez toi. Je compte aller
à la messe de dix heures à Saint-Germain-de-Lauxerrois;
et assurément je serai rendu chez toi à midi, car je n'aurai
avant qu'une seule visite à faire à l'ami Molinet qui a un
peu de pourpre depuis quinze jours.*

En attendant, ton ami

A. WATTEAU.

A monsieur de Julienne, de la part de Watteau,
par exprès.

De Paris, le 3 de mai [1721].

Monsieur!

*Je vous fais le retour du grand tome premier de
l'écrit de Léonardo de Vincy, et en même temps je vous
fais agréer mes sincères remerciements. Quant aux lettres
en manuscrit de P. Rubens, je les garderai encore devers
moi si cela ne vous est pas trop désagréable en ce que je
ne les ai pas encore achevées! Cette douleur au côté gauche
de la tête ne m'a pas laissé sommeiller depuis mardi et
Mariotti veut me faire prendre une purge dès demain au
jour, il dit que la grande chaleur qu'il fait l'aidera à
souhait. Vous me rendrez satisfait au delà de mon souhait,
si vous venez me rendre visite d'ici à dimanche; je vous
montrerai quelques bagatelles comme les paysages de
Nogent que vous estimez assez par cette raison que j'en
fis les pensées en présence de Mme de Julienne à qui je
baise les mains très respectueusement.*

*Je ne fais pas ce que je veux en ce que la pierre grise
et la pierre de sanguine sont fort dures en ce moment, je
n'en puis avoir d'autre.*

A. WATTEAU.

A monsieur de Julienne de la part de Watteau.

De Paris, le 3 de septembre [1720].

Monsieur!

*Par le retour de Marin qui m'a apporté la venaison
qu'il vous a plû m'envoyer dès le matin, je vous adresse
la toile où j'ai peinte* (sic) *la tête du sanglier et la tête du*

*renard noir, et vous pourrez les dépêcher à M. de Losmesnil,
car j'en ai fini pour le moment. Je ne puis m'en cacher mais
cette grande toile me réjouit et j'en attends quelque retour
de satisfaction de votre part et de celle de Mme de Julienne
qui aime aussi infiniment ce sujet de la chasse, comme
moi-même. Il a fallu que Gersaint m'amenât le bonhomme
La Serre pour agrandir la toile du côté droit, où j'ai ajouté
les chevaux dessous les arbres, car j'y éprouvais de la
gêne depuis que j'y ai ajouté tout ce qui a été décidé ainsi.
Je pense reprendre ce côté-là dès lundi à midi passé parce
que dès le matin je m'occupe des pensées à la sanguine. Je
vous prie de ne pas m'oublier envers Mme de Julienne à
qui je baise les mains.*

A. WATTEAU.

A monsieur de Julienne.

[1721].

Monsieur!

*Il a plû à M. l'abbé de Noirterre de me faire l'envoi de cette toile de P. Rubens où il y a les deux têtes
d'anges, et au-dessous sur le nuage cette figure de femme
plongée dans la contemplation. Rien n'aurait su me rendre
plus heureux assurément si je ne restais persuadé que
c'est par l'amitié qu'il a pour vous et pour M. votre neveu,
que M. de Noirterre se dessaisit en ma faveur d'une aussi
rare peinture que celle-là. Depuis ce moment où je l'ai
reçue, je ne puis rester en repos, et mes yeux ne se lassent
pas de se retourner vers le pupitre où je l'ai placée comme
dessus un tabernacle! On ne saurait se persuader facilement que P. Rubens ait jamais rien fait de plus achevé
que cette toile. Il vous plaira, monsieur, d'en faire agréer
mes véritables remerciements à M. l'abbé de Noirterre
jusques à ce que je puisse les lui adresser par moi-même.*

J: prendrai le moment du messager d'Orléans pro-
cl ain, pour lui écrire et lui envoyer le tableau du repos
di la Sainte-Famille que je lui destine en reconnais-
si nce.

Votre bien attaché ami et serviteur, monsieur!

A. WATTEAU.

A ces quatre billets publiés par de Vèze, viennent
de s'ajouter deux fragments inédits, publiés par M. R.
Tatlock dans le *Burlington Magazine*, avril 1921, p. 156.

Ces deux fragments sans date se lisent au revers de
deux dessins représentant la même vieille mendiante,
portant une boîte attachée par une bandoulière. L'un
de ces dessins (au British Museum, Goncourt, *Catal.*,
nᶜ 385) la montre assise, l'autre, qui appartient à
M. Augustin Birrel, la représente debout (Goncourt,
Catal., nº 442). Les deux fragments manuscrits sont
deux brouillons de la même lettre. On ignore le desti-
nataire. On apprend que Watteau était peintre du duc
d'Orléans, ce qui montre, une fois de plus, qu'il n'a
jamais été, comme on l'a dit, un méconnu. Le fragment
semble dater des environs de 1716 (1).

Voici le fragment du British Museum :

Monsieur, j'ai reçu aujourd'hui au matin vos deux
le tres en[semble] qui ont autant donné de peine au facteur
qu'elles [m'ont] causé de surprise.

(1) Ajoutons, pour être complet, un autre dessin de l'ancienne collection de miss James, portant au verso un brouillon de lettre où il est question du duc de von Shire (De-
vonshire). Goncourt, *Catal.*, p. 354.

Le fragment appartenant à M. Birrel est plus développé.

Monsieur, j'ai reçu aujourd'hui vos deux lettres ensemble qui ont autant donné de peine au facteur pour me les remettre en main qu'elles m'ont causé de surprise par la qualité que vous me donnez de peintre de son A. A. Monseigr. le duc d'Orléans, moi indigne et qui n'a (sic) aucun talent pour y aspirer à moins que d'un miracle. J'ai tant de foi en vos reliques que je ne doute nullement de son accomplissement si vous voulez avoir la bonté de joindre vos prières au désir que j'ai d'acquérir du crédit et de la faveur. Mes désirs sont sans bornes. Quand me...

Il faut joindre à ces lettres un reçu de Watteau.

J'ai reçu de Mgr le duc d'Orléans 260 livres pour un petit tableau qui représente un jardin avec huit figures.
Fait à Paris, le 14 août l'an 1719.

Antoine WATTEAU.

Un autre reçu, pour le tableau du *Contrat de mariage*, se trouverait dans les archives de la maison d'Arenberg (Goncourt, *Catal.*, p. 147). M. le marquis de Biron l'aurait vu. Il n'a jamais été publié.

II. — LETTRES CONTEMPORAINES.

Sirois à Madame Josset, libraire à Paris.

23 novembre 1711.

Cet original, qui fait d'abondant de la peinture comme M. Le Sage fait des comédies et des livres avec la différence que M. Le Sage est quelquefois content de ses livres

*et de ses comédies et que le pauvre Watteau n'est jamais
satisfait de ses tableaux, ce qui ne l'oppose d'être un des rois
présents du pinceau. Il m'a promis de peindre pour moi
une Fête de la foire au Lendit de quoi j'ai avancé cent
livres de trois cents convenues. Elle sera son chef-d'œuvre
s'il y met la dernière touche; mais s'il est repris de son
humeur noire et possession d'esprit, le voilà loin du logis
et adieu le chef-d'œuvre. M. Le Sage lui a procuré la
commande de deux pendants tirés du* Diable boiteux
*à cent trente livres la pièce. Il n'espère qu'on les aura;
car Watteau peint à sa fantaisie et n'aime les sujets
commandés. S'il peut se fixer, son premier tableau sera
pour M. Duchange sans qu'il en sache rien, crainte
de mécompte. Le médecin l'a remis au régime du quinquina depuis cinq jours après sa venue.*

(Catalogue de la vente d'auto-
graphes de Benjamin Fillon,
15 juillet 1878, t. II, **p. 219**.)

Pierre Crozat à la Rosalba.

Paris, 22 décembre 1716.

*Parmi tous nos peintres, je ne connais que M. Watteau
capable de pouvoir faire quelque ouvrage à pouvoir vous
être présenté. C'est un jeune homme chez qui je menai
Il Sig. Sebastiano Ricci. S'il a quelque défaut, c'est
qu'il est très long dans tout ce qu'il fait, mais sachant
l'usage du petit tableau que je l'ai prié de me faire, je
suis persuadé qu'il ne perdra pas son temps à me
satisfaire.*

(Publié par MALAMANNI, *Gallerie
Nazionali Italiane*, t. IV, **p. 109**,
Rome, 1898.)

Nicolas Vleughels à la Rosalba.

20 septembre 1719.

Il y a ici beaucoup de connaisseurs qui professent
la plus grande estime pour votre personne et votre talent...
Un excellent homme (1), *M. Watteau, duquel vous avez sans*
doute entendu parler, désire ardemment vous connaître.
Il voudrait avoir le plus petit ouvrage de votre main, et
en échange il vous enverrait quelque chose de lui, car il
lui serait impossible de vous en remettre la valeur... Il est
mon ami, nous demeurons ensemble et me prie (sic) *de*
vous présenter ses plus humbles respects. Il désire que
vous répondiez favorablement à sa demande.

> (Publié par VIANELLI, dans le *Diario*
> *de Rosalba*, Venise, 1793. Je cite
> d'après l'édition de Sensier, *Journal*
> *de Rosalba Carriera*, Paris, 1865,
> p. 144.)

Journal de la Rosalba.

Août 1920. — *Le 21. Écrit aux dames Giustianiani*
à Recanati et à Gabrielli. Vu M. Watteau et un Anglais.
(Ibid., p. 119.)

Septembre. — *Le 30. Au concert donné chez M. Crozat,*
je vis le régent, Law et autres personnes. (Ibid., p. 181.)
C'est le concert illustré par la sanguine du Louvre. Voir
plus haut, chap. IV.

Février 1721. — *Le 9. Je rendis visite à M. Watteau*
et à M. Hénin; et après le dîner au Palais-Royal, je

---

(1) Faut-il faire observer que le mot a le sens du dix-
septième siècle : un homme qui excelle dans son art? Nous
dirions aujourd'hui un homme de grand talent.

fu: fortement engagée à rester à Paris. (Ibid., **p.** 322.)

Février 1721. — *Le* 11. *J'entrepris de faire pour M. Crozat le portrait de M. Watteau, pastel de quatre* 1. (Ibid., **p.** 323.)

Rosalba à Vleughels

Venise, mars 1721.

J'avais même commencé quelques petites têtes pour M. Watteau...

(MALAMANNI, *Gallerie*, t. IV, **p.** 116.)

Crozat à Rosalba.

11 août 1721.

Nous avons perdu le pauvre M. Watteau. Il a fini ses jours le pinceau à la main. Ses amis doivent publier un discours sur sa vie et ses œuvres. Ils ne manqueront pas de rendre hommage au portrait que vous avez fait de lui à Paris peu de temps avant sa mort (1).

(Publié par VIANELLI. Cité d'après
Sensier, *Journal*, p. 144.)

Rosalba à Julienne

[Venise, 1733.]

Le livre des études de l'inimitable M. Vato que je viens de recevoir par M. Zanetti me comble en même instant de joie et de confusion. Ayant toujours été dans le nombre de ceux qui admirent toutes les productions d'un géni (sic),

(1) Ajoutons ces deux lignes du Catalogue de la vente Crozat, par Mariette, 1741. « Nº 1063. Neuf dessins d'Antoine Watteau. Ce sont les dessins que ce peintre légua en mourant à M. Crozat, en reconnaissance de tous les bons offices qu'il en avait reçus. »

aussi singulier que celui de cet habile homme, ainsi j'avoüe sincèrement que Votre Eminence me fait une charmante surprise que de me voir ce bijou entre mes mains.

(Fac-simile d'autographe publié par MALAMANNI, Gallerie, p. 70, et Rosalba Carriera, in-4°, Bergame, 1910.)

III. — EXTRAITS DE L'ALMANACH ROYAL.

1718. Watteau, P. (peintre), Faubourg de Richelieu, chez M. Crozat (p. 252).

1719. Watteau, P., sur les Fossés Saint-Victor chez M. Le Brun (p. 253).

1720. Watteau. P., est à Londres (p..241).

1721. Watteau, P., sur le pont Notre-Dame, au Grand-Monarque.

EXTRAIT DU *Mercure de France.*

On grave par souscription les tableaux de l'Histoire de don Quichotte, qui ont été peints il y a deux ans par M. Coypel le fils. M. Crozat le jeune fait aussi graver par souscription les tableaux du Roi, du Régent, et ceux des autres excellents Maîtres (*sic*) qui sont dispersés dans les fameux cabinets de Paris. Messieurs Vatot (*sic*), Nattier et un autre, sont chargés de les exécuter (Février 1721, p. 152).

IV. — EXTRAITS DES REGISTRES

DE L'ACADÉMIE ROYALE DE PEINTURE ET DE SCULPTURE.

Samedi, 6 avril 1709.

Étudiants choisis pour travailler pour les prix.

Les officiers en exercice ont fait apporter les esquisses qui ont été faites par les étudiants sur un sujet qu'ils ont

*exécuté sur-le-champ dans l'Académie, pour connaître
ceux qui sont capables de travailler pour les grands prix.
La compagnie après examen, a fait choix des nommés
Hutin, Vernansal l'aîné, Grison, Parrocel, Watteau,
peintres; et Boule et Dumont, sculpteurs, pour travailler
dans les loges que l'on fera incessamment construire
dans les lieux ordinaires.*

*Avant d'y entrer, M. le directeur leur donnera un sujet
près de la Bible, dans la suite du dernier sujet qui a été
exécuté.*

Samedi, 31 août 1709.

Jugement sur les ouvrages des grands prix.

*Sujets : Retour de David après la défaite de Goliath.
Abigaïl apporte des vivres à David.*

1er prix. — *Antoine Grison.*

2e prix. — *Antoine Watteau.*

> **Ont signé** ce jugement : De-
> troy, Girardon, Coyzevox, La
> Fosse, Jouvenet, Coypel, van
> Clève, Largillière, Rigaud,
> Desportes, etc.

Samedi, 30 juillet 1712.

Présentation du sieur Antoine Watteau.

*Le sieur Antoine Watteau, peintre, né à Valenciennes,
s'est présenté pour être reçu à l'Académie et a fait voir
de ses ouvrages. La compagnie, après avoir pris les voix
par les fèves a agréé sa présentation. Le sujet de son ouvrage
de réception ayant été laissé à sa volonté (il recevra de
M. van Clève, directeur, un sujet d'ouvrage de réception*

dont il représentera une esquisse) (1), M. Jouvenet et M. Magnier ont été nommés pour voir travailler le sieur Gillot et M. Coypel et M. Barrois pour voir travailler, ledit sieur Watteau.

> Signé : *van Clève, Coyzevox, Jouvenet, Largillière, Coypel, Lauthier, Legros, Detroy, de Launay, L. Boullogne, Alexandre, Flamen, Hallé, Vernansal, Magnier, Colombel, Rigaud, Marot, P. Bertrand, Massou, Frémin.* — La Fosse n'a pas signé le procès-verbal.

5 janvier 1714. — *La compagnie avertit les sieurs Le Moyne, sculpteur, Gillot, peintre, et Watteau, aussi peintre, pour rendre compte à l'Académie de leur retard en la première assemblée.*

27 janvier 1714. — *Gillot indisposé, demande un délai de six mois. Accordé.*

5 janvier 1715. — *Watteau, Le Moyne, Gillot et Tardieu convoqués pour rendre compte de leur retard.*

.25 janvier 1716. — *La compagnie a prorogé le temps aux sieurs Watteau, Thierry, Tardieu.*

9 janvier 1717. — *La compagnie donne des délais aux retardataires :*

Au sieur Thierry, six mois.

Au sieur Watteau, un mois.

Au sieur Chéreau, une année.

Au sieur Raoux, deux mois.

Et le tout pour tout délai.

---

(1) Les mots entre parenthèses sont biffés sur le manuscrit.

Samedi, 28 août 1717. — Assemblée générale.

Réception de Watteau. — *Le sieur Antoine Watteau,
peintre, né à Valenciennes, et agréé le 30 juillet 1712, a
fait apporter le tableau qui lui avait été ordonné pour sa
réception, représentant une fête galante (représentant le
pèlerinage à l'île de Cythère) (1). L'Académie, après
avoir pris les suffrages à la manière accoutumée, elle
a reçu ledit sieur Watteau académicien pour jouir des privilèges attachés à cette qualité, en observant par lui les
règlements de cette compagnie. Prêté serment entre les
mains de M. Coypel, écuyer, premier peintre du roi, et
de S. A. R. Mgr le duc d'Orléans, présent aujourd'hui
à l'assemblée.*

> Signé : *Coypel, Coyzevox, Cous-
> tou, Largillière, Hallé, Ri-
> gaud, J. Vivien, B. Audran,
> J. Audran, N. Vleughels,*
> Vateau, *Raoux, Gillot.*

.. septembre 1717. — Procès-verbal signé : Vateau.
31 décembre 1717. — Procès-verbal signé : Vateau.
Samedi 26 juillet 1721. — *La mort de M. Antoine
Watteau, peintre, académicien, a été annoncée, qu'il est
décédé le 18 du courant à Nogent-sur-Marne, âgé de trente-
cinq ans.*

(1) Mots biffés sur l'original.

NOTES

Page 5 :

1) Les études de Fourcaud dans la *Revue de l'art ancien
et moderne* s'étendent sur une dizaine d'années ; elles sont
restées inachevées et n'ont jamais été réunies en volume.
Er voici le sommaire bibliographique : 1° *Vers la joie*, t. IX,
p. 87 ; 2° *Entrée de Watteau dans l'histoire, ibid.*, p. 94 ;
3° *le Génie de Watteau, ibid.*, p. 98 ; 4° *les Maîtres de Watteau,
ibid.*, p. 313 ; 5° *l'Existence de Watteau*, t. X, p. 105, 163, 241 ;
6° *l'Invention sentimentale, l'effort technique et les pratiques
de composition et d'exécution chez Watteau, ibid.*, p. 246, 337 ;
7° *Scènes et figures de théâtre*, t. XV, p. 135, 193 ; 8° *Scènes
et figures galantes*, t. XVI, p. 341 ; t. XVII, p. 105 ; 9° *Watteau
peintre d'arabesques*, t. XXIV, p. 431 ; t. XXV, p. 49, 129.
Er fin, une petite étude séparée sur le tableau de la *Toilette*
de la collection Wallace, dans le numéro de janvier 1910.

Page 8 :

1) Le tableau des *Jaloux*, gravé par Scotin (Goncourt,
n° 142), variante du *Pierrot content*, gravé par Jeaurat
(Goncourt, n° 153), appartenait au statuaire Alfred Boucher ;
il est maintenant en Amérique.

Page 18 :

1) P. Marcel, *la Peinture en France au début du dix-
huitième siècle.* Paris, in-4°, 1906.

Page 27 :

1) « Claude Gillot », *Gazette des Beaux-Arts*, 1899, t. Ier,
p. 394.

Page 28 :

2) Pour d'Hulin, voir un curieux et rare tableau (signé),
qui ressemble à un Le Nain, chez M. Lotz-Bessonneau, à
Nantes ; certains morceaux sont peints comme les paysanne-
ries de Fragonard. Voir encore, au musée de Nantes, un joli

tableau anonyme, une *Fête galante* dont je parle plus loin. Pour Sébastien Le Clerc, je songe surtout au recueil dédié à Colbert de Charmoy. Certains types, certaines manières de retrousser les jupes, par un tour de la main retournée sous les reins, sont déjà du Watteau.

Page 29 :

(1) « Gillot, entrepreneur de spectacles, avait un jeu de marionnettes à la foire Saint-Germain en 1708. » (CAMPARDON, *Spectacles de la foire*, in-8°, 1877). On y jouait surtout deux pièces de l'auteur, *le Marchand ridicule* et *Polichinelle Colin-Maillard* (voir ROZET, *Dictionnaire des théâtres de Paris*, in-12, 1767, t. III, p. 304, et t. IV, p. 166). Mais un manuscrit passé en vente en 1844, *le Théâtre inédit de la foire*, nous donne une liste plus complète des pièces de Gillot : *l'Enlèvement de Proserpine*, ballet-pantomime, et une nouvelle version de la même pièce en deux actes : *Polichinelle Grand-Turque (sic)*, outre les deux pièces déjà signalées par Rozet. Toutes ces pièces se jouaient dès 1695 (vente Soleinne, t. III, p. 174, n° 3399). Je dois ces renseignements à l'obligeance de M. Couët, le savant bibliothécaire de la Comédie-Française.

Évidemment, cela ne prouve pas que Gillot, montreur de poupées, soit le même que Gillot, peintre et dessinateur, habitué de la Foire. Mais il n'y a nulle invraisemblance : Gillot, peintre, est né en 1673. Le fameux farceur Allard avait commencé précisément par être un peintre de marionnettes. Outre *les Folies de Cardénio* (imprimées chez Ballard, in-4°, 1721), le peintre Charles-Antoine Coypel n'avait pas écrit moins de dix-huit comédies, dont le manuscrit se trouvait chez le duc de La Vallière (Cf. *Archives de l'art français*, 2e série, t. II, p. 84, note de Montaiglon, et Pierre MARCEL, *la Peinture en France*, p. 120).

Page 40 :

(1) Il y avait deux sujets : le retour de David après sa victoire sur Goliath, et Abigaïl portant des vivres à David. On ne sait pas lequel Watteau avait choisi. Ses concurrents étaient Parrocel, Vernansal et Grison. C'est Grison qui obtint le prix.

(2) Goncourt, n° 30. Reproduit par FOURCAUD, *Revue de l'art*, t. IX, p. 255.

Page 43 :

(1) On se fonde sur le fait que le tableau a été gravé par son propriétaire, un amateur de Valenciennes, nommé Le Hardy de Pamars, mais la gravure est datée de 1770. Goncourt (*Catal.*, p. 183) avait bâti un peu vite sur ce sujet un petit roman, où Pamars devenait le protecteur des débuts de Watteau ; il n'y manquait même pas la fille du bienfaiteur. Tout cela ne tenait pas debout ; Goncourt (p. 361) le dément lui-même dans ses *corrections*.

Page 53 :

(1) Le mot est de M. Henry Bordeaux, dans les *Captifs délivrés*.

Page 65 :

(1) L'étude du *Printemps* est au Louvre (collection Camondo). Celles de l'*Automne* appartiennent à MM. Walter Gay et Adrien Fauchier-Magnan. Le petit tableau de l'*Automne*, de la galerie La Caze, est très postérieur à celui de l'hôtel Crozat ; le motif est tout différent.

Page 70 :

(1) Peut-être Watteau a-t-il eu aussi, en dehors des graveurs, des devanciers français. Voir, au musée de Nantes, le curieux tableau anonyme (n° 782), *Réunion dans un parc :* sous un ombrage, deux couples formés de deux dames assises, l'une en robe jaune, l'autre en rouge, et de leurs cavaliers, l'un debout, l'autre couché, faisant la cour à leurs belles ; un troisième, vu de dos, à droite, touche de la mandoline. Plus loin, une terrasse éclairée, avec une allée d'ifs et de cyprès en perspective. Au second plan, à l'angle d'un palais, un groupe de buveurs auprès d'une fontaine que surmonte un bas-relief. Le tableau est assez joli. Les dames portent des fontanges. Les costumes semblent indiquer la date de 1700.

Page 71 :

(1) Cette étude aurait passé à Vienne à la vente Artaria.

Page 72 :

(1) Baron DESAZARS DE MONTGAILHARD, *la Famille Crozat*, Toulouse, in-8°, 1908 (extrait de *la Revue des Pyrénées*, 1907-1908).

Page 73 :

(1) Dubois DE SAINT-GELAIS, *Description des tableaux du Palais-Royal*, 2ᵉ édit., 1737, p. 75.

Page 74 :

(1) Tout ce paysage a disparu, à l'exception de l'ermitage, de l' « abreuvoir », qui est l'ancien bassin de l'Orangerie, et de quelques beaux arbres que Watteau a pu voir. Tout a été dépecé en 1815, l'époque de notre histoire qui a le plus détruit. Le tramway d'Enghien à Montmorency passe à travers ce qui fut le parc. Je crois que les quatre belles statues de Termes par Le Gros. que l'on voit au Louvre, viennent de là.

Il est mélancolique, après cela, de relire la description de cette belle demeure, faite par Rousseau : « On voit à Montmorency une maison particulière bâtie par Crozat dit le Pauvre (c'est une erreur, la maison fut bâtie pour Le Brun), laquelle, ayant la magnificence des plus superbes châteaux, en mérite et en porte le nom. L'aspect imposant de ce bel édifice, la terrasse sur laquelle il est bâti, *sa vue unique peut-être au monde*, son vaste salon peint d'une excellente main, son jardin planté par le célèbre Le Nôtre, tout cela forme un tout *dont la majesté frappante a pourtant je ne sais quoi de simple* qui soutient et nourrit l'admiration. » J.-J. ROUSSEAU, *Confessions*, l. X.

Page 76 :

(1) *Eloge de Lancret*, par BALLOT DE SOVOT (1743), publié par J.-J. Guiffrey, in-8ᵒ, Paris, Rapilly, 1873. Caylus, l'année suivante, répète de son côté la même observation.

Page 78 :

(1) Il faudrait étudier la flore de Watteau. D'où lui viennent ses pins parasols? On les trouve dans toute son œuvre, surtout au début et à la fin : dans la *Mariée de village* de Potsdam, qui est un tableau de jeunesse, et jusque dans le *Gilles* de la galerie La Caze et dans le merveilleux tableau appartenant à Mme Francis de Croisset, postérieur à l'*Embarquement*, et peut-être le plus beau des Watteau de Paris. Rien n'est plus rare que ces pins parasols dans la peinture italienne. Watteau aimait cet arbre pour son port architectural, la beauté de son panache. Mais où a-t-il pris ce thème?

Page 85 :

(1) Reproduit dans le *Watteau* de DARGENTY, in-4ᵒ, 1891.

p. 51. J'ignore où est maintenant ce dessin. Watteau a toujours été exigeant sur le caractère. Sur la *Présentation au temple* de Le Clerc, à Saint-Germain-des-Prés (1718), il a ce mot assez dur : « Les vieillards de Le Clerc sont de grands enfants barbus. » MARIETTE, *Abecedario*, t. III, p. 113.

Page 88 :
(1) Musée du Louvre. Une feuille semblable, provenant de la collection Goncourt, se trouve chez Mme la comtesse de Béhague (Goncourt, p. 346).

Page 89 :
(1) Dessin reproduit dans le *Watteau* de Claude PHILIPPS, Londres, 1895, p. 40.
(2) British Museum.
(3) *Gazette des Beaux-Arts*, 1896, t. II, p. 177.

Page 90 :
(1) Deux dessins au British Museum (Goncourt, p. 348. Cf. les nᵒˢ 560 et 374.)
(2) British Museum et collection Walter Gay.

Page 93 :
(1) Ce tableau, *Louis XIV mettant le cordon bleu à M. de Bourgogne, père de Louis XV*, gravé par Larmessin (Goncourt, nᵒ 50) est perdu. C'est un tableau de cérémonie dans le genre des compositions de Le Brun sur l'*Histoire du roi*, d'une mise en scène très faible, mais qui pouvait avoir un certain pittoresque par les costumes et les couleurs. Julienne, qui le possédait, y attachait de l'importance et dit que ce morceau montre ce que Watteau aurait pu faire dans l'histoire, s'il s'y était appliqué. Nous jugerions au contraire qu'il prouve combien l'artiste était peu propre à ce genre d'ouvrages. Le tableau, dit Mariette, avait été fait pour un certain M. Dieu, « qui avait entrepris de peindre toutes les actions de la vie du roi (Louis XV) pour être exécutées en tapisserie, ce qui n'a point eu son effet ». Il devait donc être postérieur à 1715, et a dû être exécuté vers 1718.

Page 95 :
(1) Cette dernière désignation n'est pas de Watteau lui-même, c'est celle d'un tableau qui a passé en 1826 à la vente Denon, et dont la trace semble perdue. Cf. Goncourt, *Catal.*, p. 162.

(2) Les rapports de l'artiste et de ses graveurs n'ont jamais été éclaircis. En fait, il n'y a qu'un seul tableau qui ait été sûrement gravé du vivant de Watteau : c'est celui de la collection Wallace, la *Leçon de musique*, gravé par Surugue en 1719. Il y en a eu certainement d'autres. Les petites suites des *Figures de modes*, des *Figures françaises et comiques*, ont dû être gravées de très bonne heure, sans doute avant 1709, à l'époque où le jeune artiste cherchait à se faire un nom. Il y a même quelques rares essais d'eaux-fortes de Watteau, — une douzaine de pièces en tout, — comme si l'artiste, à un moment, avait formé le projet de se rendre indépendant des graveurs et d'être lui-même son éditeur. Ce projet n'eut pas de suite. La plupart des planches en ont été achevées par Thomassin. Toute cette question mériterait une étude, qu'on n'a pas faite. Il reste encore bien de l'inconnu dans tous les coins de la vie de Watteau.

Page 96 :

(1) Louis HOURTICQ, « l'Art académique », dans la *Revue de Paris*, avril-mai 1904.

Page 101 :

(1) Voir l'article de M. Paul ALFASSA, « l'Exposition du dix-huitième siècle à Berlin », dans la *Revue de l'art* du 10 mai 1910.

Page 113 :

(1) Il est en réalité difficile de décider si ce petit tableau n'est pas un abrégé postérieur à l'*Embarquement*, et fait pour présenter le thème en raccourci. Fourcaud, qui semble n'avoir connu que la gravure, ne se prononce pas. Mais l'exécution très précieuse et un peu menue de la peinture, et d'autre part un certain manque de mise au point indiquent plutôt, à mon goût, un Watteau plus jeune et moins mûr que le Watteau de 1717. Après le tableau du Louvre, l'artiste peignait celui de Berlin ; il développait son idée, loin de la résumer. C'est pourquoi le *Bon Voyage* me paraît être le germe et non la suite de l'*Embarquement*.

Page 123 :

(1) Ce tableau est reproduit dans une curieuse tapisserie encadrée d'arabesques, faisant partie de la collection de M. Albert Lehmann.

Page 124 :

(1) M. Edmond Pilon semble croire que la « Finette » est le nom d'un instrument de musique ; je ne trouve ce sens dans aucun dictionnaire. En réalité, la Finette est un nom probablement imaginé par Caylus (Goncourt, *Catal.*, p. 313) et qui vient de la comédie ; c'est un nom de soubrette qui n'est pas rare chez Dancourt.

Page 126 :

(1) Il a été gravé pour la première fois en 1860 dans la *Gazette des Beaux-Arts*.

Page 133 :

(1) C'est un testament de Marie-Marguerite Pater, la fille d'Antoine, léguant à son neveu en 1764 « les portraits de ses père grand et mère grande, *dont l'un peint par Watteau* et l'autre par le sieur Pater » (probablement Antoine Pater). Cf. Maurice HÉNAULT, *Watteau et Pater, Notes sur deux portraits*, in-8°, Paris, 1913.

Page 150 :

(1) Reproduits dans le *Watteau* de DARGENTY, 1891, in-4°, p. 15 et 17.

(2) Reproduit dans le *Watteau* de Claude PHILLIPS, p. 34.

Page 151 :

(1) Collection Groult et collection du vicomte Cornudet.

(2) Dessin, Vienne, Albertine (reproduit par Julienne. Goncourt, *Catal.*, p. 21 et n° 590).

(3) Louvre, collection La Caze.

Page 156 :

(1) Voir aussi le joli tableau de Gabriel de Saint-Aubin, l'*Académie particulière*, qui faisait partie de l'ancienne collection Doucet.

Page 157 :

(1) Voir l'étude de M. André HALLAYS, « la Maison du neveu de Le Brun », dans *En flânant, Paris*, 1re série, 1913.

Page 159 :

(1) Reproduit par Dargenty, p. 29.

Page 163 :

(1) Le dessin du British Museum provient de la collec-

tion de sir Thomas Lawrence (Goncourt, p. 349) ; il est de face, la *Diane* est de trois quarts à droite. Il est probable qu'une autre étude, que nous ne possédons plus, formait le chaînon intermédiaire entre ces deux états.

Page 174 :

(1) Le docteur Mead, selon Walpole. Peut-être la réputation de la médecine anglaise, au temps de Locke et de Newton, aura-t-elle décidé Watteau. L'école anglaise venait de faire deux découvertes de premier ordre : la circulation du sang et l'inoculation de la petite vérole. Il y aurait à dire quelques mots des idées de Watteau sur la médecine : c'étaient un peu celles de Molière. Ses tableaux sur les médecins (le docteur bâté de *Qu'ai-je fait, assassins maudits?* le *Chat malade*, le *Docteur*) ne témoignent pas d'un grand respect à l'égard de la Faculté ; mais ce sont des œuvres de jeunesse, faites avant la maladie. On ne peut tirer de ces badinages des conclusions sérieuses. Dans le *Gilles* du Louvre, le docteur arrive à califourchon sur un âne ; mais c'est un sujet de comédie. Reste la caricature du docteur Misaubin (voir plus loin), mais faut-il croire l'injurieuse insinuation de Mariette? N'oublions pas que le phtisique est un malade plein d'illusions, presque toujours optimiste.

(2) Il est très difficile de se former une opinion sur les résultats du voyage. Julienne et Gersaint disent que Watteau a eu beaucoup de succès à Londres ; Caylus dit au contraire qu'il y fut tout le temps malade. Avant le départ, Watteau avait chargé Julienne de réaliser son avoir ; l'affaire, faite en toute hâte, au plus mauvais moment, produisit à peine 6 000 livres qui furent en grande partie mangées dans le voyage. Au moment de sa mort, Watteau ne laissait pas 3 000 livres.

Les œuvres que Watteau a faites en Angleterre sont :
1° Le portrait de Philippe Mercier et de sa famille, se promenant à la campagne. (Goncourt. n° 15.) Le tableau n'est plus connu que par l'eau-forte rarissime de Mercier lui-même, dont il y a deux épreuves au British Museum. Ce peintre, élève de Pesne, né à Berlin et établi à Londres, a gravé à l'eau-forte plusieurs compositions de Watteau, qui devaient de son temps se trouver en Angleterre. Il est l'auteur de l'*Escamoteur* de la galerie La Caze.

2º Le portrait de Baron, en robe de chambre rayée, devant son châssis de graveur. Sanguine du British Museum (Goncourt, p. 347).

3º Un portrait de femme aux trois crayons, assise, de profil à gauche, les cheveux dénoués sous un bonnet de servante d'auberge. Ce dessin, un des plus magnifiques de Watteau, a le type prononcé de la beauté anglaise. Le papier gris d'un grain très fort n'est pas non plus celui dont Watteau se sert ordinairement. Également au British Museum.

4º La caricature du docteur Misaubin, dessin connu seulement par la gravure d'Arthur Pound (1739). Une note de Mariette sur l'épreuve du Cabinet des Estampes (note reproduite par Goncourt, *Catal.*, p. 36), nous apprend que cette charge d'un mauvais charlatan fut dessinée à Londres sur une table de café.

5º Peut-être les tableaux de l'*Amour paisible* (Berlin) et des *Comédiens italiens* (collection Groult). Cette conjecture repose sur une note de Walpole, qui nous apprend que ces tableaux appartenaient au docteur Mead, lequel aurait soigné Watteau à Londres ; mais il faut avouer qu'elle est très peu solide. On prétend aussi reconnaître dans les *Comédiens italiens* un type de femme anglaise. Tout ce raisonnement est fragile.

6º L'esquisse d'une tête d'homme barbu, à visage de vieux lird, injecté d'eau de mer et de gin, venant de la collection Roqueplan, et qui vient d'entrer au Louvre par le legs du peintre Landelle. Cette esquisse, si elle est de Watteau, ne peut avoir été peinte qu'à Londres. Elle rappelle par certains traits le *Marchand de fruits* de l'ancienne collection Schwiter. Mais je connais, à vrai dire, peu de morceaux aussi embarrassants que celui-là.

Page 185 :

(1) Un second fragment, représentant la partie droite de l'*Enseigne*, a passé en mai 1829 à la vente Francillon ; la trace de ce morceau s'est perdue, et l'on ne peut dire s'il faisait partie du même ensemble que le fragment dit « de Paris ». Cf. ALFASSA, l'*Enseigne de Gersaint*, in-8º, p. 42.

Page 191 :

(1) Un dessin du même temps et du même caractère, représentant une *Vente publique*, se trouve dans la collection de M. Georges Fourché, à Bordeaux.

✳

Page 196 :

(1) P. Buisson, *la Maison de Watteau à Nogent*, in-16, Nogent-sur-Marne, 1918. M. Edmond Pilon, dans son *Dernier jour de Watteau* (Paris, Sansot, 1907), indique à tort comme la maison mortuaire de l'artiste la belle demeure du dix-huitième siècle, construite pour M. Le Camus, maréchal de camp, et appartenant aujourd'hui à mon savant ami l'historien Pierre Champion. Cette maison, qui subsiste encore, n'a aucun rapport avec celle de M. Le Febvre, située cinq cents mètres au sud, et qui nous est connue par l'estampe de M. de Francueil (vers 1740), reproduite dans le *Tombeau de Watteau à Nogent* (Nogent-sur-Marne, 1865). La suite des titres de propriété, publiés par M. Buisson, ancien maire de Nogent, ne laisse subsister aucun doute.

Page 206 :

(1) Un dernier portrait (n° 213 du *Recueil de Julienne*, gravé par Benoît Audran Goncourt, p. 21 et n° 590) est très différent de tous les autres. Il représente Watteau éclatant de rire, coiffé d'un mouchoir de lit. Le masque est presque gras et n'est sûrement pas celui d'un malade. Je ne sais pourquoi M. Mauclair et M. Edmond Pilon le trouvent « effrayant ». Les catalogues anciens en remarquent au contraire la « physionomie riante » (Goncourt, p. 335). Je ne lui trouve de rapports qu'avec le visage du Pourceaugnac de *Qu'ai-je fait, assassins maudits?* (Cf. le dessin, Goncourt, n° 710) qui est sûrement une œuvre de jeunesse et une œuvre comique. J'imagine que le portrait dont je parle est une fantaisie de débutant, peut-être du temps de Gillot, et inspirée par quelque eau-forte ou quelque portrait de Rembrandt, comme le *Portrait à la serviette*. Il se rapporte aussi au buste de Watteau jeune, gravé par Crespy fils. Je n'ose faire état ici de ces documents.

Page 210 :

(1) Voir sur cet article les beaux développements de M. Robert de la Sizeranne, *Questions contemporaines*, Paris, 1904, *le Bilan de l'Impressionnisme*.

FIN

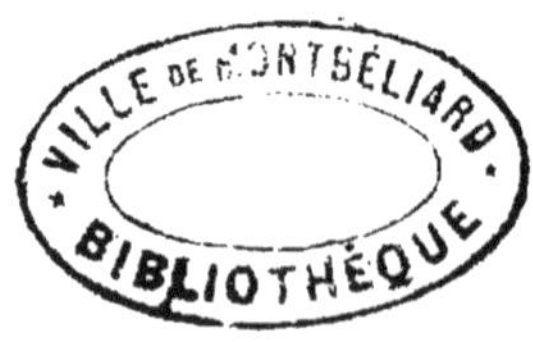

TABLE DES MATIÈRES

Cet ouvrage a été achevé d'imprimer par

Plon-Nourrit et Cie,

à Paris, le 13 juillet 1921

www.ingramcontent.com/pod-product-compliance
Ingram Content Group UK Ltd.
Pitfield, Milton Keynes, MK11 3LW, UK
UKHW022009170726
13837UKWH00001B/70